ココ

# 出雲大社 松江

## 石見銀山

すてきな思い出
作りましょ♪

日本最大級の注連縄が掛かる出雲大社の神楽殿（P23）

# 歴史と神話が息づくご縁の国
# 出雲・松江でパワーチャージ

歴史ある神社や縁結びスポットなど、みどころ豊富な島根の旅へ。
名物グルメも楽しみつつ、ひと足延ばして世界遺産の石見銀山や
妖怪タウン・境港にも立ち寄りましょう。

青銅の鳥居をくぐり神域へ（P21）

御本殿に一番近い門の八足門（P22）

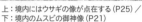
参道は全国でも珍しい下り参道 (P21)

上：境内にはウサギの像が点在する (P25) ／
下：境内のムスビの御神像 (P21)

大国主大神が鎮まる
御本殿 (P22)

うさぎカップルお
守り袋 (P38) な
どの縁結びグッ
ズもチェック

## 出雲

厳かな雰囲気に包まれた出雲大社へ。
日本全国から神々が集まる縁結びの地で
良縁を願いましょう。

紅白の縁結び寒
天はいずも寒天
工房で (P39)

左：3段重ねの風味豊かな出雲
そば (P34) ／下：おつまみ研究
所大社門前ラボ&日本ぜんざい
学会壱号店のぜんざい (P36)

出雲 縁結びの国 えすこの
うさぎみくじ (P38)

島根県立古代出雲歴史博物館の出
雲大社古代神殿の復元模型 (P32)

宍道湖の夕景に感動必至 (P70)

縁占いが人気の八重垣神社 (P84)

フォトジェニックなcafe CONNECT.の
ブランコ (P69)

彩雲堂の若草
(P78)

# 松江

スペース濠々のお守り
だるまちゃん (P81)

城下町の風情と文化、
宍道湖の絶景を楽しみつつ
水の都・松江を散策しましょう。

京店商店街には縁結び
スポットやフォトスポット
が点在 (P65)

ぐるっと松江堀川めぐりで
のんびり周遊 (P60)

松江のシンボル、国宝・松江城 (P56)

月照寺では書院(茶席)でお茶を味わえる (P77)

上：鉱山町の面影
が残る街並み／下：
入口から間歩内部
へ潜入（P112）

由志園の三万輪の池泉牡丹（P92）

世界遺産の石見銀山や
日本庭園が有名な足立美術館など、
ひと足のばして世界に誇るスポットへ。

石見銀山群言堂本店
の石見焼きの一輪挿し
（P114）

魚山亭の特上魚山丼
（P104）

足立美術館の枯山水庭（P90）

お風呂に入る目玉
おやじは人気みやげ
（P107）

境港の水木しげるロード（P102）

足立美術館・
ミュージアムショップの
和三盆（P91）

## 出雲・松江ってどんなところ?

### 神話のロマンあふれる出雲 歴史ある城下町の松江

出雲の中心は縁結びの神様で知られる出雲大社。門前の神門通りには多彩な店が軒を連ねています。一方、国宝松江城がシンボルの松江は、松江藩の旧城下町で、市街地を縦横に川が流れる水の都。塩見縄手や京店商店街、堀川めぐり、宍道湖の夕日など、楽しみはいっぱいです。

武家屋敷風の町並みが続く塩見縄手（☞P61）は小泉八雲ゆかりの地

出雲大社の拝殿（☞P22）は太い注連縄が印象的

湖が茜色に染まる宍道湖の夕日（☞P70）は必見

## おすすめシーズンは?

### ベストシーズンは春〜初夏 グルメなら秋がおすすめ

四季の変化がはっきりとしている出雲・松江。出雲大社周辺や国宝松江城、塩見縄手などの散策を楽しむなら、春の桜の時期から初夏にかけてが最もさわやかです。グルメなら魚介も地野菜も豊富な秋がおすすめ。松葉ガニや寒ブリなど、日本海の幸を存分に堪能するなら冬も見逃せません。

# 出雲・松江へ旅する前に 知っておきたいこと

観光のポイントや移動の手段などを前もって知っておけば現地に行ったとき、とまどうこともありません。しっかり予習して、旅の準備を整えましょう。

## どうやって行くの?

### 東京からは飛行機で1時間20分
### 寝台特急サンライズ出雲も人気

飛行機なら出雲へは出雲空港、松江へは出雲空港（出雲縁結び空港）か米子空港（米子鬼太郎空港）を利用。出雲空港からは1日2便のみ、出雲大社行きの空港連絡バスがあります。鉄道でアクセスする場合、JRの寝台列車「サンライズ出雲」も快適。東京駅22時発で、松江駅9時29分着、出雲市駅9時58分着です。

サンライズ出雲の寝台はすべて個室になっている

世界遺産石見銀山の新切間歩（☞P112）

## どうまわったらいい?

### 出雲・松江で1泊2日
### ＋1日で石見銀山や境港へ

出雲・松江は最低でも1泊2日は必要。もう1泊するなら石見銀山か境港へ。石見銀山へは出雲市駅か松江駅からJR山陰本線で大田市駅に出て下バスで向かいます。松江の北東に位置する境港へは松江駅から鉄道のほか、一畑バスの松江境港シャトルバス（1日片道9便）が便利です。

水木しげるロード（☞P102）のこなき爺のブロンズ像
©水木プロ

国宝松江城は山陰で唯一現存する天守をもつ

## ぜひ見たいのは?

### まずは出雲大社へ参拝、松江は堀川めぐりと国宝松江城へ

出雲の観光は出雲大社(☞P20)がメイン。参拝後は島根県立古代出雲歴史博物館(☞P32)と神門通り(☞P30)へ。松江では国宝松江城(☞P56)とぐるっと松江堀川めぐり(☞P60)が中心。武家屋敷風の町並みの塩見縄手(☞P58)や京店商店街(☞P64)も見逃せません。

ぐるっと松江堀川めぐりで水の都・松江を体感

出雲大社の境内にはウサギのオブジェが点在している

八重垣神社の森にある鏡の池で良縁祈願

玉造温泉街の「恋叶の素」は玉湯川の鯉(恋)の餌

## 人気の縁結びスポットは?

### 縁占いで有名な八重垣神社、日御碕神社や玉作湯神社も

縁結びで有名な出雲大社と鏡の池の縁占いが人気の八重垣神社(☞P84)が必須、願い石・叶い石の玉作湯神社(☞P86)や天照大神と素戔嗚尊を祀る日御碕神社(☞P40)、大国主命とのロマンスで知られる美人神が祭神の八上姫神社(☞P42)も見逃せません。

## ぜひ味わいたいのは？

### 独特な食べ方の出雲そば、シジミなどの宍道湖七珍も

出雲・松江の名物で特に有名なのは出雲そば（☞P34・74）。割子そばと釜あげそばが定番で、ツユを上からかけて食べるのが独特です。ほかにも、出雲が発祥といわれるぜんざい（☞P36）や、シジミ、モロゲエビをはじめとした宍道湖七珍（☞P72）など、いろいろな名物グルメがあります。

おつまみ研究所大社門前ラボ&日本ぜんざい学会壱号店（☞P36）の出雲ぜんざい

やまいち（☞P73）のシジミ汁は大粒のシジミが評判

中国山地蕎麦工房ふなつ（☞P74）の割子そばは、つなぎを入れずに手打ち

神門通り（☞P30・38）には雑貨を販売する店やそば、スイーツなどを楽しめる飲食店がズラリと並ぶ

## おみやげは何がいい？

### 出雲のかわいい縁結びグッズ、松江では和菓子がおすすめ

出雲大社の神門通りでは、ウサギをモチーフにした縁結びグッズを用意する店舗が多数並び、松江市街には伝統銘菓に加え季節の和菓子も揃う和菓子の老舗が数多くあります。三英堂（☞P78）、風流堂（☞P78）、中浦食品、福田屋（☞P79）の4社が協力をして開発した松江の新銘菓・ご縁をむすびにも注目したい。

ご縁をむすびの1つ。三英堂（☞P40）のふんわり蒸したミルク薫る白どら2個594円

**10:00 出雲縁結び空港**

出雲縁結び空港から出雲大社へはバスに乗って出発進行！乗車時間は40分ほど。

**10:15 出雲大社**

参拝は勢溜の大鳥居からスタートし、松の参道の鳥居の先に拝殿が立つ（☞P20）。

参拝は二拝四拍手一拝

拝殿と御本殿（☞P22）に参拝。太い注連縄と御本殿大屋根の迫力にびっくり。

**11:30 出雲そばランチ**

ランチは神門通りにある出雲そばの店（☞P34）で割子そばを。

**12:30 島根県立古代出雲歴史博物館**

古代神殿の復元模型や国宝の青銅器群など内容豊富（☞P32）。

**13:30 神門通り**

神門通りに並ぶショップ（☞P30・38）でかわいい縁結びグッズを出雲みやげに。

**14:30 出雲ぜんざい**

神門通りのぜんざい専門店（☞P36）。名物の出雲ぜんざいをいただこう。

**16:00 玉造温泉駅**

出雲大社から電車やバスで出雲市駅へ向かい、出雲市駅から電車で約33分玉造温泉駅へ。

温泉でツヤツヤ　 2日目  おはよう！

**17:00 玉造温泉街**

玉造温泉街（☞P86）には足湯やパワースポットなどが点在。宿の夕食の時間まで散策タイム！

**18:00 玉造温泉の宿**

「神の湯」と称される温泉地の宿（☞P88）。美肌効果抜群という名湯でお肌に潤いを。

**10:30 松江駅**

一畑バスで松江駅に戻り、松江市営バス八重垣神社方面行きに乗り換え20分。

**10:55 八重垣神社**

拝殿裏手の深い森の中にある鏡の池で占い用紙を浮かべて良縁を占う（☞P84）。

# 2泊3日で出雲・松江 とっておきの旅

出雲と松江のハイライトをギュッとまとめたとっておきプラン。
お堀を巡る遊覧船に乗ったり縁結びスポットを巡ったり、
出雲そばや宍道湖七珍など名物料理やおみやげ探しも楽しみです。

**12:30 島根県立美術館**

松江駅に戻り、バスで5分。水との調和がテーマの美術館へ（☞P66）。ここでランチを。

**14:30 宍道湖近くのカフェ**

開放感抜群のカフェでひと休み。cafe CONNECT.（☞P69）ではフォトスポットも人気。

ロマンチックな夕日！

**17:00 夕日スポットテラス**

嫁ヶ島を眼前に、宍道湖の夕景を観賞。日没の時刻は事前にチェックを（☞P70）。

**18:00 松江しんじ湖温泉の宿**

レイクビューが楽しめる、宍道湖畔の松江しんじ湖温泉の宿に宿泊（☞P82）。

---

**3日目** 🌟 おはよう！

**9:00 興雲閣**

興雲閣（☞P57）にあるカフェ・亀田山喫茶室では、クラシカルな空間でモーニングを楽しめる。

**10:00 国宝松江城（城山公園）**

国宝の天守（☞P56）を見学後、緑豊かな園内を散策し、稲荷橋から園外に出る。

**11:00 塩見縄手**

新橋通りを抜けると塩見縄手の西側入口。武家屋敷風の建物が並ぶ（☞P58）。

**11:20 小泉八雲旧居（ヘルン旧居）**

小泉八雲がセツ夫人と半年ほど過ごした武家屋敷（☞P59）。美しい庭に心が和む。

---

**12:30 宍道湖七珍ランチ**

松江では宍道湖七珍と日本海の海の幸を堪能。写真は「季節の風 藏」のしじみ丼（☞P94）。

お抹茶でほっとひと息

**13:30 松江歴史館**

館内では日本庭園を眺めながら上生菓子と抹茶のセットをいただける（☞P57）。

船にゆられてのんびり

ぐるっと

**15:00 松江堀川めぐり**

大手前広場から乗船し、堀川、京橋川、米子川と市街中心部を周遊（☞P60）。

いい旅でした！

**16:30 松江駅**

松江駅へ到着。空港へは連絡バスが便利。待ち時間はみやげ探し。

---

日程に余裕があればぜひ

## 3泊4日なら石見銀山や境港も満喫できます

### 水木しげるの出身地 港町・境港

境港観光の中心は水木しげるロード。妖怪ブロンズ像が立ち並び、妖怪グッズの店もいっぱい。ランチは境港名物の海鮮丼を（☞P104）。

©水木プロ

### 大自然に包まれた 世界遺産・石見銀山

緑の中に銀鉱山の遺構が点在する銀山地区（☞P112）を散策したら、鉱山町の面影を残す大森の町並み地区の古民家カフェ（☞P114）へ。

# 出雲・松江・境港・石見銀山ってこんなところ

旧城下町に縁結びの神社と、その門前町、さらに妖怪の町、世界遺産の銀鉱山遺跡と、いずれも独特の魅力がいっぱいだ。

## 観光エリアは大きく4つ

エリア全体は山陰地方のほぼ中央、島根県東部を中心とし、大きく4つに分かれる。宍道湖の西側は、縁結びで知られる出雲大社がある出雲エリア。一方、宍道湖を挟んで東側は国宝の松江城天守が中心の松江エリアだ。水木しげるロードの境港は、松江から東の中海を越えた場所、世界遺産の石見銀山は出雲の南西の山あいにある。

## プランニングは鉄道・バスを上手に組み合わせて

4つのエリアを結ぶ基本幹線はJR山陰本線で出雲は出雲市駅、松江は松江駅、境港は米子駅、石見銀山は大田市駅が入口。境港は米子駅からJR境線、出雲大社は出雲市駅からバスか一畑電車、石見銀山は大田市駅からバスで向かう。このほか、松江〜出雲大社間には一畑電車が運行し、松江〜境港間はシャトルバスも利用できる。

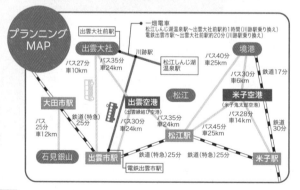

### プランニングMAP

一畑電車
松江しんじ湖温泉駅〜出雲大社前駅約1時間（川跡駅乗り換え）
電鉄出雲市駅〜出雲大社前駅20分（川跡駅乗り換え）

- 出雲大社前駅
- 出雲大社
- 川跡駅
- 松江しんじ湖温泉駅
- 境港 バス40分 車25分
- バス27分 車10km
- バス35分 車24km
- バス30分 車6km
- 鉄道17分
- 大田市駅
- 出雲空港（出雲縁結び空港）
- 松江
- 米子空港（米子鬼太郎空港）
- バス25分 車12km
- 鉄道（特急）25分
- バス30分 車24km
- バス35分 車24km
- バス28分 車14km
- バス45分 車25分
- 鉄道30分
- 石見銀山
- 出雲市駅
- 松江駅 鉄道（特急）25分
- 鉄道（特急）25分
- 米子駅
- 電鉄出雲市駅

---

▲出雲大社の神楽殿（☞P23）

▲いずも縁結び本舗（☞P39北店）で人気の縁結びかまぼこ

### 出雲 ①
…P16

宍道湖西方に位置し、縁結びの神様の出雲大社が有名。神門通りなど周辺には、出雲そばの店や縁結びグッズの店が軒を連ねる。

### 松江 ②
…P53

江戸時代に松江藩の城下町として発展。国宝松江城、塩見縄手などが主な見どころ。抹茶&和菓子や宍道湖七珍、日本海の幸も要チェック。

1 武家屋敷風の町並みが続く塩見縄手（☞P61）
2 出雲かんべの里（☞P85）で松江和紙手まりづくり体験

▲鉱山町の面影を残す町並み

### 石見銀山 ④
…P109

2007年に世界遺産に登録。龍源寺間歩など銀鉱山の遺跡が点在する銀山地区と、代官所などが置かれた町並み地区に分かれる。

©水木プロ

さかいみなと
## 境港 ③
…P99

漫画家・水木しげるの出身地。妖怪のブロンズ像が立ち並ぶ水木しげるロードには妖怪グッズの店が軒を並べる。名物の海鮮丼もぜひ。

[1] 鬼太郎や目玉おやじなどおなじみの仲間がいっぱい
[2] お食事処峰（☞P105）の海鮮丼は旬の魚介がたっぷり

日 本 海

0　10km
N

① 出雲

② 松江

③ 境港

米子空港
（米子鬼太郎空港）

一畑電車
松江しんじ湖温泉
松江

美保湾

JR境線

日御碕神社
出雲大社
出雲大社前

出雲空港
（出雲縁結び空港）
湯の川温泉

宍道湖　玉造温泉
玉造温泉

中海

米子

431

松江玉造IC

八重垣神社

東出雲IC

山陰自動車道
（安来道路）

安来IC

米子IC

米子西IC

181

鳥取県

出雲市
9

宍道IC

松江自動車道

松江

54

出雲IC
山陰自動車道

三刀屋木次IC

JR木次線

JR山陰本線

184

島根県

180

JR伯備線

④ 石見銀山

大田市
三瓶山

54

松江自動車道

広島県

432

314

183

岡山県

375

温泉津温泉
温泉津

三次へ　三次へ　三次東JCT・ICへ　庄原へ　備後落合へ　新見へ　新見へ

---

### 人気の縁結びスポットはこちら

やえがきじんじゃ
## 八重垣神社
☞P84

縁結びの神様として知られる。鏡の池に占い用紙を浮かべる縁占いが人気。縁結びのお守りも豊富だ。

▲鳥居と随神門をくぐると正面に拝殿が立つ

ひのみさきじんじゃ
## 日御碕神社
☞P40

ご利益の中心は厄除けだが、上の宮に素戔嗚尊、下の宮に天照大神を祀ることから多彩なご利益を。

▲楼門の奥にある社殿は上の宮と下の宮に分かれている

# ココミル✤
cocomiru

石見銀山 出雲大社 松江

Contents

●表紙写真
出雲 縁結びの国 えすこのうさぎみくじ (P38)、島根県物産
観光館の松江和紙てまり(P81)出雲大社の神楽殿(P23)、
おつまみ研究所大社門前ラボ&日本ぜんざい学会壱号店
(P36)、ぐるっと松江堀川めぐり(P60) かねやの三色割子
そば(P34)、cafe CONNECT (P69)、桜に包まれる国宝
松江城(P56)、田園地帯を走る一畑電車・大社線 (P44)、
八重垣神社・鏡池の縁占い(P84)

〈マーク〉
- 観光みどころ・寺社
- プレイスポット
- レストラン・食事処
- 居酒屋・BAR
- カフェ・喫茶
- みやげ店・ショップ
- 宿泊施設
- 立ち寄り湯

〈DATAマーク〉
- ☎ 電話番号
- 住 住所
- ¥ 料金
- 時 開館・営業時間
- 休 休み
- 交 交通
- P 駐車場
- MAP 地図位置

勢溜の大鳥居をバックにパチリ

食事処、ショップが軒を連ねるご縁横丁を散策

神牛の銅像に触れて勉学の
ご利益をいただく

神楽殿の注連縄は日本最大級

参拝後には定番の出雲そばを満喫

衣装チェンジして気を引き締め境内へ

出雲発祥といわれるぜんざいも見逃せません

かわいいウサギの像と撮影

# 良縁をたぐりよせる縁結びの聖地 出雲大社をお参りしましょう

縁結びの神様として知られる大国主大神（命）を祀る出雲大社。
多くの神様が集まるといわれる社で幸せを願った後は、
ほっこり甘いぜんざいをいただいて一服しましょう。
神門通りでかわいい縁起物を探しつつ、幸せを結ぶ旅へ。

島根県立古代出雲歴史博物館の
グッズはおみやげにもぴったり

夕日の名所でもある稲佐の浜

**これしよう！**
## 出雲大社を
## 参拝しましょう
境内の散策は勢溜の大鳥居
からスタートし、拝殿・御本
殿へ向かおう。(☞P22)

**これしよう！**
## ランチは名物の
## 出雲そばをどうぞ
出雲そばは割子と釜あげ
が定番。ツユを上からかけ
て食べる。(☞P34)

**これしよう！**
## ひと休みなら
## ぜんざいで
出雲が発祥といわれるぜん
ざいは専門店のほかにもい
ろいろな店で用意。(☞P36)

縁結びの糸
など縁起物
が豊富(☞
P38)

出雲神話ゆかりの地も点在する縁結びの聖地

# 出雲大社周辺

いずもたいしゃしゅうへん

**こんなところ**

縁結びの神様・出雲大社を中心にした古く
からの門前町。神門通りをはじめ、周辺には
縁結びグッズなどを扱うショップや名物・
出雲そばの店、ぜんざいが楽しめる店がい
っぱい。落ち着いた風情に満ちた一帯には
出雲神話ゆかりの地も点在し、今も古代ロ
マンが息づいている。

## ａｃｃｅｓｓ

●空港から
| 出雲空港 |
↓ 空港連絡バス 30分
| 出雲市駅 |
※出雲空港から出雲大社まで40分のバスも1日2便運行
●松江から
| 松江駅 |
↓ JR山陰本線 特急25分、快速40分
| 出雲市駅 |
| 松江しんじ湖温泉駅 |
↓ 一畑電車北松江線・大社線 60分 ※川跡駅乗り換え
| 出雲大社前駅 |

●出雲での交通
| 出雲市駅 |
↓ 一畑バス出雲大社・日御碕行き20分
| 吉兆館前 |
↓ 2分
| 正門前 |
↓ 5分
| 出雲大社 |

| 電鉄出雲市駅 |
↓ 一畑電車松江しんじ湖温泉駅行き8分
| 川跡駅 |
↓ 一畑電車出雲大社前駅行き11分
| 出雲大社前駅 |

問合せ☎0853-31-9466
出雲観光協会
広域MAP 折込裏A〜C・3〜5

※出雲空港の愛称は出雲縁結び空港

# ～出雲大社周辺 はやわかりMAP～

**観光のヒント**
**出雲大社へは**
**バス停吉兆館前から**
本来のルートでの参拝は、吉兆館前でバスを降り、宇迦橋の大鳥居と神門通りを抜ける。時間がない場合は正門前で下車しよう。

**2** 出雲大社 (☞P20)

**3** 島根県立古代出雲歴史博物館 (☞P32)

**出雲大社に向かうメインストリート**
神門通りには縁起ものやおみやげがいっぱい。(☞P38)

**かねや** (☞P34) **4**

**おつまみ研究所大社門前ラボ&日本ぜんざい学会壱号店** (☞P36) **5**

**いずも縁結び本舗 南店** (☞P39) **6**

**1** 宇迦橋の大鳥居

**神門通り観光案内所へ**
パンフやチラシ、地図などが用意され、観光案内も。(☞P31)

出雲大社前駅

---

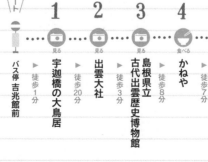

**おすすめコースは**
**4時間**
宇迦橋の大鳥居から拝殿までは1km余りで、店に立ち寄ると意外に時間がかかる。出雲大社境内は約1時間、島根県立古代出雲歴史博物館も1時間ほどはみておきたい。

スタート
バス停 吉兆館前
▶ 徒歩1分

**1** 見る
宇迦橋の大鳥居
▶ 徒歩20分

**2** 見る
出雲大社
▶ 徒歩3分

**3** 見る
島根県立古代出雲歴史博物館
▶ 徒歩8分

**4** 食べる
かねや
▶ 徒歩7分

**5** カフェ
おつまみ研究所大社門前ラボ&日本ぜんざい学会壱号店
▶ 徒歩すぐ

**6** 買い物
いずも縁結び本舗 南店
▶ 徒歩5分

ゴール
一畑電車出雲大社前駅

# 人と人などあらゆる縁を結ぶ大いなる神様にお参り

『古事記』の「国譲り神話」が起源という出雲大社。
広大な境内の参拝は勢溜の大鳥居からスタートしよう。

参拝所要
約**1**時間

\ 参拝ルート 👣 /

1 せいだまりのおおとりい
**勢溜の大鳥居**
せいもんとりい
**（正門鳥居）** START

↓ 徒歩すぐ

2 はらえのやしろ
**祓社**

↓ 入口まで徒歩1分

3 さんどう
**参道**

↓ 入口から徒歩4分

4 てみずしゃ
**手水舎**
あらがき
荒垣内

↓ 徒歩すぐ

5 どうとりい
**銅鳥居**

↓ 徒歩1分

6 はいでん
**拝殿**

↓ 徒歩1分

7 ごほんでん
**御本殿**
八足門から
拝礼

↓

8 ひがしじゅうくしゃ
**東十九社**

↓

9 かまのやしろ
**釜社**

↓

10 そがのやしろ
**素鵞社**

↓

11 ごしんざしょうめんはいれいしょ
**御神座正面拝礼所**

↓

12 うじのやしろ
**氏社**

↓

13 おまもりしょ
**御守所** GOAL

▲銅鳥居をくぐると拝殿や本殿などが立ち並ぶ神域の「荒垣（あらがき）」内

いづもおおやしろ（いずもたいしゃ）
## 出雲大社

**大国主大神をご祭神とし
「縁結び」で広く知られる**

一般的には「いずもたいしゃ」と呼ばれているが、正式には「いづもおおやしろ」という。その歴史は古く、日本最古の歴史書『古事記』に登場するだいこく様こと大国主大神(命)がご祭神。男女の縁結びをはじめあらゆる「縁」や運命を司る神様だ。森閑として緑豊かな境内には、歴史の重みを感じさせる社殿が立ち並ぶ。

☎0853-53-3100 🏠出雲市大社町杵築東195 ☯️🕐⚙境内自由（参拝は6〜20時が目安）🚌バス停正門前から勢溜の大鳥居まで徒歩すぐ、または一畑電車出雲大社前駅から勢溜の大鳥居まで徒歩5分 Ⓟ385台（6〜18時、季節により変動あり）**MAP**P52C2

せいだまりのおおとりい（せいもんとりい）
① **勢溜の大鳥居（正門鳥居）**
地元で「大鳥居」といえばこの鳥居

かつてここには芝居小屋があり、多くの人が集まった。人の勢いが溜るため「勢溜」の名が付いたとか。高台にあり、鳥居の先に下りの参道が続く。

## 2 祓社（はらえのやしろ）

**まずはここで心身を清める**

参道を下り始めるとすぐ右手にある小さなお社。心身のけがれを祓い清める4柱の神様を祀る。見落としがちだが忘れずに参拝し、心身のけがれを清めよう。

**大相撲の元祖とされる神様も境内に鎮座**

松の参道の鳥居の近くにあるのが「野見宿彌神社」。『日本書紀』によると、出雲出身の野見宿彌は御前試合で勝利をおさめ、以来、国技大相撲の元祖と讃えられたという。**MAP** P21左上

## 3 参道（さんどう）

**下りの参道から松の参道へ**

勢溜の大鳥居からは全国でも珍しい下りの参道が続く。祓橋を渡り、松の鳥居の先は松の参道。ここの中央部は通行禁止になっているので左右の参道を進む。なお。5月14〜16日の出雲大社例祭のときには、ここで流鏑馬神事が行われる。

■下りの参道 ■松の参道の鳥居の先が松の参道

## 5 銅鳥居（どうとりい）

**神域である「荒垣」の入口**

青銅製で国指定重要文化財。寛文6年（1666）、毛利輝元の孫で萩藩（長州藩）第2代藩主・綱広によって奉納された。ここをくぐると神域である荒垣内。軽く一礼してから入ろう。

## 4 手水舎（てみずしゃ）

**手と口を清める**

社殿が立ち並ぶ神域の荒垣内に入る前に両手と口を清める場所。いわゆる「みそぎ」に通じるものだ。（☞P29）

（地図）神楽殿P.23 ⑫氏社（天穂日命）彰古館 ⑪御神座正面拝礼所 ⑩素鵞社 ⑦御本殿 ⑬御饌井 ⑥拝殿 ⑤銅鳥居 ④手水舎 ⑧東十九社 ⑨釜社 ⑧八足門P.22 ←---- 参拝ルート 野見宿彌神社 土俵 松の馬場 御慈愛の御神像 ムスビの御神像 宝物殿P.23 ③参道 ②祓社 ①勢溜の大鳥居（正門鳥居）

**大国主大神の2つの像にも注目！**

**ムスビの御神像**（むすびのごしんぞう）
大国主大神が海から寄り来る「幸魂奇魂（さきみたまくしみたま）」と対話する神話の情景 **MAP** P21中下

**御慈愛の御神像**（ごじあいのごしんぞう）
「因幡のシロウサギ」の神話のシーンが再現されている **MAP** P21中上

 祓社の社殿に向かって左手奥の浄の池は、ほとりにベンチがあり小休止に絶好。春は桜の花に包まれ、初夏には水辺にアヤメやアジサイが。

### ⑥ 拝殿
#### はいでん

**流麗な造りが
ひときわ目を引く**

大社造と切妻造の折衷
様式とされる建物。高
さは12.9m。昭和34年
（1959）に再建された
もので、ゆるくカーブを
描く屋根には銅板が敷
かれている。出雲大社
の注連縄は一般の神社
とは左右逆向きに飾ら
れているのが独特だ。

ここも注目！

#### やつあしもん
### 八足門

御本殿の正面からの拝礼はここ
から行う。名工・左甚五郎の作と
の説がある彫刻にも注目を。手前
には鎌倉時代の巨大柱（☞P32）
が発掘された位置を示す石畳が。

### ⑦ 御本殿
#### ごほんでん

**国宝指定の荘厳な社**

大社造とよばれる日本最古の神
社建築様式。延享元年（1744）
の再建で高さ約24m。平成の大
遷宮による御修造で大屋根や千
木などが新装された。力強さにあ
ふれ、画家・岡本太郎は「この野
蛮なすごみ、迫力、おそらく日本
建築の最高表現…」と絶賛してい
る。参拝は八足門から行う。なお、
瑞垣の周囲をまわると、左右や背
後から仰ぎ見ることもできる。
#### みずがき

■西側から仰ぎ見た御本殿 ②中央にそびえるのが御本殿

ここも注目！

#### おおやね
### 大屋根

御本殿を覆う大きな屋根の面積
は約180坪。約64万枚の檜皮が
敷かれ、総重量は40t。最も厚い
部分では高さ1mにもなる。

#### はふ
### 破風

屋根の妻の三角部分。破風板を
覆う銅板には緑青を混ぜた「緑ち
ゃん」が塗られている。

#### ちぎ
### 千木

屋根の両端に交差して置かれた2
本の板木。銅板を保護するため、
油煙（炭）を混ぜた「黒ちゃん」が
塗られている。

#### かつおぎ
### 勝男木

屋根に何本か水平に置かれた丸
太状の木。ここにも「ちゃん塗り」が
施されている。

## ⑧ 東十九社（ひがしじゅうくしゃ）

**全国の神様の宿泊所**

旧暦10月の神在祭（☞P27）の際、全国から出雲にお集りになる神々の宿舎が十九社。御本殿

の東西に向かい合うように2社ある。普段は日本中の神々にお参りできる遥拝所になっている。

## ⑨ 釜社（かまのやしろ）

**食物を司る神様**

御祭神は素戔嗚尊の御子神で食物を司る宇迦之御魂神。全国の稲荷社の御

祭神でもある。11月23日の古伝新嘗祭の際には御釜の神事が斎行される。

## ⑩ 素鵞社（そがのやしろ）

**大国主大神の親神**

御本殿の真後ろ、神聖な八雲山の麓に鎮座している社殿。八岐大蛇退治神話で知られ、大国主大神の親神とされる素戔嗚尊（須佐之男命）を祀っている。あたりは森閑とした雰囲気に包まれ、背後には八雲山から突き出ている大きな岩（磐座）がある。境内で屈指のパワースポットとして崇敬されている。

**ここも注目！**

参拝前に稲佐の浜（☞P26）に寄って砂を取り、素鵞社の縁の下にお供えするのもおすすめ。代わりにすでに供えられている御砂を持ち帰る。この砂はお守りにしたり、庭や田畑に撒いて清めると、神様のご加護があるという。

## ⑪ 御神座正面拝礼所（ごしんざしょうめんはいれいしょ）

**正面から拝礼**

御本殿内の御神座は西方向、稲佐の浜方面を向いて鎮座しているので、御神座に正面から拝礼するにはこの位置から行う。忘れずに参拝しよう。

## ⑫ 氏社（うじのやしろ）

**宮司の祖先神**

北側には宮司家の祖先神・天穂日命、南側にはその17代末裔の宮向宿禰を祀る。

## ⑬ 御守所（おまもりしょ）

**最後にお守りを**

参拝を終えたらお守りやお札、絵馬などを授かろう。

---

\ ここにもぜひ、立ち寄りましょう /

## 宝物殿（ほうもつでん）

出雲大社の貴重な宝物やゆかりの品を所蔵・展示している。へい平成12年（2000）に境内から出土した、古代神殿を支えたとされる心御柱の実物も見られる。
¥入館300円 ●8時30分〜16時30分 休不定休 MAP P21中下

## 神楽殿（かぐらでん）

主に団体参拝者向けの神楽や祈祷、結婚式などが行われる。正面に掛かる注連縄は長さ13.6m、胴回り最大8m、重さ5.2tで日本最大級。平成30年（2018）7月に掛け替えられた。MAP P21右上

📖 勢溜の大鳥居は平成30年（2018）に建て替え工事完了。かつては木造でしたが鋼管製に新装されています。

# 人と人との縁を結んでくれる
# 大国主命をお勉強

出雲大社の祭神、大国主命（大国主大神）。
縁結びだけでなく、農耕・漁業、医療などの神様でもあります。

## { 大国主命（大国主大神）ってどんな神様？ }

日本神話に出てくる神々のなかでも、日本の成り立ちに関わる重要な神様。
神話に登場する神々との関係や性格などを覚えておきましょう。

## ◉ 大国主命と神々たちの相関図 ◉

**稲田姫命** (いなだ ひめのみこと)
別名・櫛名田比売。夫の素盞嗚尊とともに縁結びの神。（☞P84八重垣神社）

**須勢理比売命** (すせり ひめのみこと)
出雲の神湖近くで生まれたという。大国主命の正妻。☞P43那売佐神社）

**少彦名命** (すくなびこなのみこと)（少名毘古那神）
医療やまじない、酒、温泉の神で、大国主命に協力して国造りに活躍。背が小さく、一寸法師の原形ともされる。☞P86玉作湯神社）

協力

**大国主命**

因幡のシロウサギ

**沼河比売命** (ぬなかわ ひめのみこと)
高志（北陸・新潟）のヒスイの女神。

**建御名方命** (たけみなかたのみこと)（諏訪大神）
大国主命の子で最後まで国譲りに抵抗。☞P25）

**素盞嗚尊**（須佐之男命）(すさのおのみこと)
天照大神の弟。乱暴者のため高天原から追放され、出雲へ。ヤマタノオロチの伝説で知られる。稲田姫命と結婚。その子または6世の孫が大国主命。（☞P42須佐神社など）

**天照大神** (あまてらすおおみかみ)
皇室の祖先とされる美人神。天上界の高天原を支配。

**八上姫（比売）命** (やがみ ひめ（ひめ）のみこと)
因幡で大国主命と結ばれ身ごもる。臨月となったため、出雲へ向かい、湯の川温泉に立ち寄る。大国主命に正妻がいることを知り、子を産んだ後、因幡に帰る。（☞P42八上姫神社）

**神屋楯比売命** (かむやたて ひめのみこと)
美保神社（☞P95）の大后社に祀られている。

**事代主命** (ことしろぬしのみこと)
大国主命の子で漁業と商売の神様。☞P95美保神社）

**御井神** (みいのかみ)
八上姫命の子で安産守護の神様。☞P43御井神社）

――― 兄弟
═══ 夫婦
━━━ 子供

## 大国主命はこんな神様

詳しい話は
P25参照

出雲大社のムスビの御神像（☞P21）

大国主命は大己貴命、八千矛神、葦原醜男神などさまざまな名前をもつ神様。国土開拓や農耕・漁業、医療とさまざまな神格があるが、多くの姫君と結ばれ、たくさんの子をなしたことから、縁結びの神として有名。国土を開拓するが、天照大御神の使者が来ると、国土を献上。幽れたる世界をつかさどる神となった。

●**恋多き神様**…正妻の須勢理比売命のほかにも、因幡の八上姫（比売）命や高志（北陸・新潟）の沼河比売命など、各地の女神と結ばれた。

●**慈愛に満ちた神様**…因幡のシロウサギの話で分かるように、苦しむ者の味方。医療の知識ももっていた。

●**大きなものが大好き**…国譲りの際はその見返りとして壮大な御殿を造ってくれるように希望。考え方のスケールはかなりの大きさだった。

※大国主命は『古事記』では素盞嗚尊の6世の孫、『日本書紀』や出雲大社では息子とされている。

# 『古事記』に描かれた大国主命

『古事記』の神代編には、大国主命に関して
さまざまなエピソードが記されています。

## 因幡のシロウサギ

八十神とよばれる大国主命の異母兄弟たちは、大国主命を連れ、評判の美女・八上姫（比売）を嫁にしようと因幡の国へ向かう。途中、サメに全身の皮をむかれたシロウサギに、八十神たちは「海水につかって風に吹かれればいい」とウソを教え、塩水が傷にしみたシロウサギは痛さに泣いていた。そこに遅れてきた大国主命は、「川の真水で体を洗い、ガマの穂にくるまれば痛みは取れる」と教える。そのとおりにするとシロウサギはもとの姿に戻り、「八上姫とはあなたこそが結婚するでしょう」と予言。その予言どおり八上姫は、「私は大国主命の妻になります」と告げた。

玉造温泉の因幡の白兎神話の像

## 八十神の迫害と貝の女神

憤慨した八十神たちは大国主命を殺そうと相談。手間山という場所で、八十神たちが大きな石を火で焼いて大国主命めがけて落とすと、命は大火傷を負って死んでしまう。このとき秘薬を調合して大国主命の命を救ったのは、蚶貝姫と蛤貝姫だ。生き返った命は迫害を避けるため、父神の素盞鳴尊（須佐之男命）の住む根の堅州国へ向かう。

南部町・赤猪岩神社（MAP折込裏H4）に、この神話の大石が!

## 試練を克服し国造りに着手

根の堅州国に着いた大国主命は、ここでも素盞鳴尊による試練に遭うが、素盞鳴尊の娘の須勢理比売命の助けでこれを克服。須勢理比売命を正妻とし、国造りに着手する。

須勢理比売命を祭神とする那売佐神社（☞P43）

## 少彦名命と国造り

大国主命が美保関にいたとき、波に乗って現れたのが少彦名命（少名毘古那神）。温泉や酒、医療の神で、以後、大国主命と少彦名命は協力して国造りを進めていく。その後、少彦名命は海のかなたに去ってしまう。心細くなった大国主命のもとに海上を照らしながら近づいてきた神が「幸魂奇魂（さきみたまくしみたま）」を与える。これを表したのが、出雲大社参道の「ムスビの御神像」だ。

ムスビの御神像（☞P21）

## 稲佐の浜での国譲り

大国主命が築いた葦原中国を統治しようと考えた高天原は、交渉の使者として建御雷神（武甕槌神）を派遣。稲佐の浜で国譲りを迫る建御雷神に対し、大国主命は「息子の事代主命に聞いて欲しい」と答える。美保関に釣りに出かけていた事代主命はよび戻され、即座に承諾するが、そこに現れたもう一人の息子の建御名方命は譲らず、力比べをいどむ。しかし建御雷神の強さはけたはずれで、建御名方命は敗走。最後には信濃国の州羽の海（諏訪湖）に追いつめられて降伏する。こうして葦原中国は天照大神の子孫に譲られることになった。また、これ以降、天照大神は現世の「目に見えること」を、大国主命は運命や縁など「目に見えないこと」を司るようになる。

稲佐の浜（☞P26）

## 出雲大社の起こり

この「国譲り」の際、大国主命は「見返りに壮大な御殿を造って欲しい」と要望。これをかなえて造営された宮殿が出雲大社の起源と伝えられている。

出雲大社の御本殿（☞P22）

出雲大社

# 全国の神々が出雲に集う
# 神在月にお参りしましょう

出雲の神在月は、全国の神々が縁結びの会議を行う特別な時期。
出雲大社とゆかりの地を訪れ、ご縁を授かりましょう。

▲掃き清められた稲佐の浜に祭壇が設けられ、御神火が焚かれる。幻想的な雰囲気のなかで、神々をお迎えする

## 神在月と稲佐の浜

龍蛇神に導かれ
神々が浜辺に集う

旧暦10月、神々が全国から出雲に集まり、縁結び等の会議（神議り）が行われるという。そのため古くから諸国では旧暦10月を神無月（神が不在の月）とよぶのに対し、出雲では神在月とよぶ。この時期、稲佐の浜辺に現れる龍蛇神を先導役に、神々が浜へ参集する。稲佐の浜は大国主大神が「国譲り」をしたと伝わる神話の地。清らかな白砂が続き、波打ち際には鳥居をいただく弁天島が。

☎0853-31-9466（出雲観光協会）🚻出雲市大社町杵築北 🕐💴🈺見学自由 🚃JR出雲市駅から一畑バス日御碕行きで26分、稲佐の浜下車徒歩すぐ
🅿30台 🅼🅰🅿P52A2

▲「国譲り神話」の舞台となった稲佐の浜。夕日の名所でもある。

## 神在祭の間、神々が会議をする社

十九社にお泊まりになっていた神々は、出雲大社から西へ1kmにある摂社・上宮にお集まりになり会議を開かれる。会議が開かれる7日間、土地の人はひっそりと息をひそめて過ごすという。

### 神迎神事・神迎祭
（旧暦10月10日）

#### 夜の浜辺の荘厳な神事

旧暦10月10日の夕刻7時。掃き清められた稲佐の浜にかがり火が焚かれ、先導役の龍蛇神を祭壇に祀り、神々を迎える神事が行われ

▲浜での神事が終わると、神々は神職や氏子らととも出雲大社へと向かう

る。その後、龍蛇神と神籬に遷られた神々は、絹垣に囲まれて「神迎えの道」を進み、出雲大社へ。大社では神楽殿にて神迎祭が行われる。

### 神在祭・縁結大祭
（旧暦10月11〜17日）

#### 神々が縁結びを決める七日間

11日からの7日間、神々は出雲大社に滞在し、縁結びなどの会議（神議り）を行う。御本殿および上宮、十九社では連日神在祭が行われ、大国主大神と八百万神にお供えと祈りが捧げられる。15・17日の縁結大祭では、一般参列者による「幸縁むすび祈念絵馬」の奉納が行われる。（＊参列申込みは出雲大社公式WEBサイトで1カ月前より）

1 神在祭の間、神々は東西の十九社に宿泊される 2 巫女による舞も奉納される

### 神等去出祭
（旧暦10月17・26日）

#### 出雲から旅立つ神々をお見送り

出雲大社の神在祭が終わると、最後に神々は斐川町の万九千神社に立ち寄り、それぞれの国へ帰還される。神々が出雲大社を発つ17日と、出雲国を去る

▲東西の十九社に宿泊されていた神々は、再び絹垣で囲まれ拝殿へ

26日、出雲大社では神等去出祭を行い、神々をお見送りする。

---

**ここも注目！**

## 万九千神社

**神々を送るカラサデさん**

斐伊川畔に鎮座する万九千神社は本殿をもたない古来の社。旧暦10月26日の神等去出祭（カラサデさん）では宮司が幣殿の戸を梅の小枝で「お発ち〜」と三回唱えながら叩き、神々の旅立ちを告げる。

☎0853-72-9412 住出雲市斐川町併川258 Y▲休境内自由 交出雲縁結び空港から車で約20分。JR出雲市駅から車で約12分。出雲大社から車で約25分。斐川インターから車で約10分。MAP P51C3

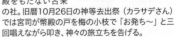

## こんなお祭りも

# 出雲大社には古代から受け継がれる お祭りがまだまだあります。

年間70数回も行われている出雲大社のお祭り。
由緒ある神事が、古代神話の世界を今に伝えています。

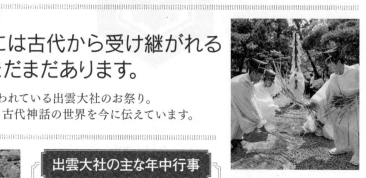

**例祭 (5月14〜16日)**
「出雲大社大祭礼」とよばれ、14日には天皇陛下のお使い(勅使)が参向。古伝の的射祭、流鏑馬の神事が行われる。15日は二之祭で「涼振り舞」を奉納。16日は三之祭が行われる。3日間を通し田植舞、神楽、獅子舞、大茶会など多彩な催しがあり、出雲大社で最も賑わいがある大祭。

## 出雲大社の主な年中行事

| | |
|---|---|
| 1月1日 | 大御饌祭 (おおみけさい) |
| 旧正月 | 福神祭 (ふくじんさい) |
| 2月3日 | 節分祭 (せつぶんさい) |
| 2月17日 | 祈穀祭 (きこくさい) |
| 5月13日 | 例祭前夜祭 (れいさいぜんやさい) |
| 5月14〜16日 | 例祭 (れいさい) |
| 6月1日 | 涼殿祭真菰の神事 (すずみどのさいこもしんじ) |
| 8月15日 | 爪剥祭 (つまむきさい) |
| 旧暦10月10日 | 神迎祭 (かみむかえさい) |
| 旧暦10月11〜17日 | 神在祭 (かみありさい) |
| 旧暦10月17日 | 神等去出祭 (からさでさい) |
| 旧暦10月26日 | 第二神等去出祭 |
| 11月23日 | 献穀祭・古伝新嘗祭 (けんこくさい・こでんしんじょうさい) |
| 11月17日、12月27日 | 御饌井祭 (みけゐさい) |
| 12月31日 | 除夜祭 (じょやさい) |
| *甲子の日 (年6〜7回) | 甲子祭 (きのえねさい) |

**涼殿祭真菰の神事 (6月1日)**
出雲大社東方の出雲森から銅鳥居東の御手洗井まで立砂が盛られ、この上に置かれた真菰の上を宮司が大御幣とともに参進祈念する神事。敷かれた真菰をもらい受けると無病息災のお蔭があるといわれ、信者は競ってもらい受ける。

**御饌井祭 (11月17日、12月27日)**
大神の御饌を炊く御用水のお祭り。「御饌」とは神に供えるお食事のこと。井戸から汲み上げられた神聖な水が大国主大神へ供えられる。

## 出雲大社の遷宮 (せんぐう) って？

### 60年ごとの御修造 (ごしゅうぞう) により、大国主大神の神殿が蘇 (よみがえ) る

　遷宮とは御本殿などを新たにし、御神体をお遷しすること。出雲大社では現在の国宝の御本殿が造営された1744年以来、ほぼ60年ごとに遷宮が行われ、平成25年 (2013) には4回目となる「平成の大遷宮」が行われた。同年に行われた伊勢神宮の「式年遷宮」が社殿などを建て替えるのに対し、出雲大社では御修造によりできる限り既存のものを活かし、御造営当時のかたちや心を後世に伝えていく。

　平成の大遷宮では、御本殿の大屋根の檜皮が葺き替えられ、銅板などに130年前の伝統工法「ちゃん塗り」が施された。匠の技により、「天下無双の大廈」とうたわれた大国主大神の神殿が鮮やかに蘇ったのである。

**1** 優美な曲線を描く大屋根と、「ちゃん塗り」が施された千木が青空に映える **2** 御造営当時の古い部材も補強して蘇らせる **3** 全国から集まった葺き師たちが素手で大屋根の檜皮を葺き替えた

# 訪ねる前に知っておきたい
# 出雲大社のお参りマナー

**出雲大社のパワーをたくさんいただきたいなら、大切なのがマナー。**
**手水舎でのお清めや作法を覚えておきましょう。**

※2024年1月現在柄杓撤去中

---

## 手水の作法を覚えておきましょう。

参拝の前には手水舎でお清めを。正しいお清めの仕方をしっかり覚えて参拝しましょう。

### ❶左手を清める

まず、備えられている柄杓を右手に取って水を汲み、左手に注いで洗い清める。

### ❷右手を清める

次に、柄杓を左手に持ち替えて水を汲み、右手に注いで洗い清める。

### ❸口をすすぐ

柄杓を右手に持ち替え、左の手のひらにひと口分の水を受け、口をすすぐ。柄杓に口を付けないように注意。

### ❹柄杓を立てて清める

水をもう一度左手に流したら、最後に柄杓を立てて、残った水で柄の部分を洗い清める。

### ❺柄杓を元の位置に伏せて置く

最後に、柄杓を元の位置にきちんと伏せて戻す。

---

## 拝礼は二拝、四拍手、一拝

頭を下げておじぎをするのが拝（礼）、両手を打ち合わせるのが拍手。出雲大社では四拍手です。

### ❶ご神前に立つ

神前にまっすぐ立ち、心を落ち着かせてから前に進み姿勢を正す。

### ❷「拝」を2回

背筋を伸ばしたまま、腰を90度近くまで折った「拝」を2回行う。

### ❸右手を下にずらして拍手

手を合わせ、右手を少し下にずらしてから手を4回打ち合わせる。

### ❹手を合わせる

打ち終わったら、右手を元に戻し、手を合わせたまま静かに祈る。

### ❺最後に「一拝」

最後に、やはり背筋を伸ばしたまま、「拝」を1回する。以上で拝礼は終了。

---

## 神様に願いを祈り捧げる儀式「ご祈祷」

### ご祈祷とは？
ご祈祷は「ご祈願」ともいい、神職が祝詞という古来の形式で、願いを神様にとりついでくださる神事のこと。強くお願いしたいことがある場合や、人生の節目節目に訪れて、ご祈祷をあげてもらうのもいい。

### ご祈祷の手続きは？
ご祈祷は、庁舎で受け付けている。申込みは誰でも可能。ご祈祷料の目安は5000円、8000円、1万円、またはそれ以上。それぞれの気持ちで判断を。

### 服装は？
服装の原則はないが、正装に近い服装が望ましい。Tシャツやサンダルなどのカジュアルな服装は控えよう。

### 時間はどれくらい？
全体の所要時間の目安は30〜40分。ただし、準備などがあるので十分に時間をとって申し込んだほうがいい。

### ご祈祷の主な流れ

#### ❶お祓い

神職が大麻（おおぬさ）を使ってお祓いをしてくれる。

#### ❷祝詞奏上（のりと）

続いて、神職によって祝詞が奏上された後、巫女のお神楽も。

#### ❸お神酒（みき）

祈願を込めた神札やお守りとともにお神酒をいただく。

# 食べ歩きスイーツ探しが楽しい
# 出雲大社の門前町・神門通り

縁起物から食べ歩きスイーツまでお店が軒を並べる神門通り。
あれこれのぞきながらお散歩を楽しみましょう。

▼レトロな造りの出雲大社
前駅にはステンドグラス風
の窓がはめこまれている

## ✛ しんもんどおり
## 神門通りって
### こんなところ

**参拝後のお楽しみは門前町さんぽ**

宇迦橋の大鳥居から勢溜りの大鳥居
（正門鳥居）まで延びる神門通り。通
り沿いには、縁結びグッズを扱うショ
ップやカフェ、食事処などが並ぶ。

問合せ ☎0853-31-9466(出雲観光協会)
アクセス 出雲市駅から一畑バス出雲大社・日
御碕行きで吉兆館前まで20分、電鉄大社駅ま
で21分、正門前まで22分、または電鉄出雲市
駅から一畑電車松江しんじ湖温泉駅行きで8
分、川跡駅で出雲大社前駅行きに乗り換え11
分、出雲大社前駅下車
広域MAP P52C2・3

- めのうの店 川島 出雲大社店 P.38
- 縁結び箸 ひらの屋大社店 P.39
- 2 神門通りAel（複合施設）
- （複合施設）出雲大社 しんもん横丁 6
- 神門通り観光案内所 ●

出雲大社へ ←
鳥居 勢溜の大鳥居

- ご縁横丁（複合施設） 1
- 出雲縁結びの国 えすこ P.38
- 正門前
- 3 4 福乃和
- くつろぎ和かふぇ 甘右衛門
- 5 カノザ大社店
- ↓神門通り広場駐車場へ

## 1 ごえんよこちょう
## （複合施設）ご縁横丁

### 出雲の特産などが満載

長屋風の横丁内に、食事処や
ショップが11店舗、ひしめくよ
うに並ぶ。おむすびや漬物、海
産物といった食品類に加え、勾
玉グッズや雑貨など内容は多
彩。イートインできる店もある。

☎0853-31-4586 住出雲市大社
町杵築南840-1 ⏰9～18時（冬期
は～17時）休不定休 交バス停正門
前からすぐ P神門通り広場駐車場
利用91台
MAP P52C2

▶通りの北端、勢
溜の大鳥居に向
かって左手角

❶すし日本海大社店（☎0853-53-6262）の焼さば寿し6貫小箱入
り972円 ❷出雲ぜんざい餅（☞P37）のぜんざい餅3個入り480円は
地元食材にこだわった逸品 ❸Izumo Brewing Co.TAISHA（☎
0853-31-9233）黒毛和牛串などの肉料理や甘味などのメニューも
充実

## 観光の前に立ち寄りたい

神門通り沿いにあるのが「神門通り観光案内所」。出雲大社と周辺の観光情報が満載のスポットで定時ガイドも受付けています。
☎0853-53-2298 MAP P52C3

**出雲大社周辺** ● 出雲大社の門前町・神門通り

---

### 2（複合施設）しんもんどおりあえる 神門通りAel

**島根の逸品が勢揃い**

神門通りにある複合施設。老舗和菓子店や、地元茶舗が営む和カフェ、島根の逸品が並ぶセレクトショップなど島根の魅力とこだわりが詰まった店が揃っている。

🏠出雲市大社町杵築南774-2 🕘9～17時 🈔不定休 🚌バス停正門前からすぐ 🅿なし
MAP P52C2

▶出雲大社正門前の坂を下りてすぐのところにある

①出雲ぜんざい本舗（☎0853-31-4381）の神在パフェ780円。小豆味のソフトや白玉などがのった和スイーツ
②彩雲堂 神門通りAel店（☎0853-25-9261）の出雲あんぱん潮千とこしあん250円。もちもちの求肥餅と和菓子に使うこし餡がパン生地と相性抜群

### 6（複合施設）いずもたいしゃ しんもんよこちょう 出雲大社 しんもん横丁

**女性必見のお店がずらり**

キュートな和小物のショップ、ご当地スイーツの店、しめ縄体験工房など6店舗が並ぶ複合施設。おみやげ探しや体験、テイクアウトグルメなど、お楽しみがいっぱい。

🏠出雲市大社町杵築南833-3 🕘店舗により異なる 🚌バス停電鉄大社駅からすぐ 🅿なし
MAP P52C3

▶一畑電車出雲大社前駅のすぐ近く

いずもちーずけーき本舗（☎0853-31-4811）①飲めるちーずけーきはちみつ600円 ②ちーもなぜんざい（上）ちーず（下）はしっとりとふわとろの2層のチーズケーキを最中でサンド

---

いずも縁結本舗南店 P.39　　一畑電車 出雲大社前駅　　ビームスジャパン出雲 P.38　　宇迦橋の大鳥居

出雲寒天工房出雲大社参道店 P.39　　電鉄大社駅　　吉兆館前（出雲大社方面へ）

---

### 3 くつろぎわかふぇ あまえもん くつろぎ和かふぇ 甘右衛門

**和洋の甘味が味わえる**

モダンな雰囲気のなかで、特製のぜんざいやパフェなどの和洋スイーツが楽しめる。

☎0853-25-8120 🏠出雲市大社町杵築南839-1 🕘11時～16時30分LO 🈔水・木曜（祝日は営業）🚌バス停正門前からすぐ 🅿神門通り交通広場駐車場利用91台（有料）MAP P52C2

▶出雲大社の大しめ縄をイメージした出雲巻。写真はミックス800円

### 4 ふくのわ 福乃和

**縁起のよいフグの形が人気**

福とかけて縁起がよいとされるフグを中心とした海産物を販売。伝統食を商品化したうず煮1080円なども。

☎0853-53-8101 🏠出雲市大社町杵築南837-2 🕘10～17時（季節により変動あり）🚌バス停正門前からすぐ 🈔無休（1・2月は月1回不定休）🅿神門通りひろば駐車場利用91台 MAP P52C2

▶店頭で焼きたてのおふく焼き200円

### 5 かのざたいしゃてん カノザ大社店

**店舗限定スイーツをゲットしよう**

人気の洋菓子専門店。大社店限定のパイシューに注目したい。店で手作りしていてできたてのサクサク食感が◎。

☎0853-53-2884 🏠出雲市大社町杵築南775-1 🕘10～17時 🚌バス停正門前から徒歩2分 🈔無休 🅿神門通り広場駐車場利用91台（有料）MAP P52C3

▶抹茶ミルクパイシュー各350円はこだわりの抹茶クリームがたっぷり

---

📖 神門通りは電柱が地中化され、石畳が敷かれた美しい通り。宇迦橋の架け替えなども行われています。

31

# いにしえの出雲が分かる
# 島根県立古代出雲歴史博物館へ

見学所要
1時間

ミステリアスで古代ロマンに満ちた出雲が体感できるミュージアム。
古代神殿のリアルな模型や遺跡の出土品など、見ごたえたっぷりです。

古代神殿の10分の1復
元模型では長さ1町(約
109m)の階段も再現

しまねけんりつこだいいずもれきしはくぶつかん
## 島根県立
## 古代出雲歴史博物館

### 出雲大社や古代出雲について学ぶ

出雲大社のすぐ東隣にある大型博物館。多くの神話が残る島根県の歴史を、貴重な展示品や映像で紹介。鎌倉時代の出雲大社本殿を支えていた巨大柱や、平安時代の出雲大社の10分の1模型など見ごたえある展示が多い。なかでも419点もの国宝の銅剣や銅矛、銅鐸が一堂に展示されたコーナーは圧巻。

◀鎌倉時代(13世紀前半)の出雲大社の本殿を支えたとされる宇豆柱(うづばしら)。3本の巨木をたばねて直径約3mの巨大柱にしていた

☎0853-53-8600 住出雲市大社町杵築東99-4 ￥入館620円(企画展は別途) 営9〜18時(11〜2月は〜17時) 休第1・3火曜(変更の場合あり) 交一畑電車出雲大社前駅から徒歩7分、またはバス停正門前から徒歩3分／バス停古代出雲歴史博物館前からすぐ P244台 MAP P52C2

▲正面入口へ続く1町(約109m)の桂並木

## さっそく館内を巡ってみましょう

**ガラス越しの緑がまぶしい**

美しい庭園と山々のパノラマビューを眺めながら、ドリンクやスイーツ、軽食を楽しめる maru café。人気のメニューはぜんざい650円やマルランチ1200円。時間を忘れてゆっくり過ごせる。

---

### テーマ別展示室

こだいしんでんのふくげんもけい
## 古代神殿の復元模型

巨大柱の発見前に言い伝えや絵図などに基づいて作られた出雲大社本殿の10分の1復元模型を展示。平安時代の出雲大社の本殿は高さ16丈（約48m）だったといわれ、模型の大きさでも高さ約4.8mと驚くほど巨大。

出雲大社境内から巨大柱が発見された後、5人の建築学者がそれぞれの考えで再現した鎌倉時代の本殿の50分の1模型も展示

### テーマ別展示室

こくほうのせいどうきぐん
## 国宝の青銅器群

荒神谷遺跡（☞P50）から出土した358本の銅剣の実物と模鋳品、16本の銅矛の実物を壁一面に展示。1カ所から出土したものとしては日本最多だ。ほかに、加茂岩倉遺跡（☞P50）出土の銅鐸群の実物も。

おびただしい数の銅剣・銅矛
国（文化庁保管）

### テーマ別展示室

ひみこのかがみ
## 卑弥呼の鏡!?

景初3年銘三角縁神獣鏡。邪馬台国の卑弥呼が魏から授かったと伝わる100枚の銅鏡の1枚ともいわれている。

▶中国の魏の年号が見られる
国（文化庁保管）

### 総合展示室

よすみとっしゅつがたふんきゅうぼ
## 四隅突出型墳丘墓

弥生時代後期（2世紀後半〜）、多くの大型墳墓が造られるようになった山陰地方の代表的墳丘墓。まるでヒトデのように四隅が突き出た特異な形をしている。

山陰地方に特徴的な形

---

### ミュージアムショップでおみやげを

さまざまなみやげや記念品が揃い、なかでも収蔵品をモチーフにしたオリジナルグッズに注目を。

オリジナルグッズの一例。はにわぬいぐるみ（右）1100円、見返りの鹿くんぬいぐるみ（左）990円、加茂岩倉35号銅鐸（レプリカ・中央）1万1714円など

※掲載商品の価格は変更や取り扱いを中止となる場合あり

📖 出雲神話の世界に浸れる「神話シアター」をはじめ、興味を引かれるコーナーはまだまだたくさんあります。

# そろそろお昼どき、
# 名物の出雲そばはいかが?

出雲・松江の郷土の味・出雲そばは、スタイルも食べ方も独特。
定番は割子そばと釜あげそばで、ツユを上からかけて食べます。

## 三色割子そば3段 1200円

薬味のみの割子、玉子、トロロの3色。4段1400円などもある

どちらをいただきましょ?

そば湯のみのシンプルな味わい

### 釜あげそば 700円

そばどころ かねや
## そば処 かねや

### 昔ながらの出雲そばの味と評判

地元の常連客が多い老舗そば店。自家の井戸水を使って手打ちするそばは、色黒で適度な歯ごたえ。割子そば840円、おろし割子1200円など。ウルメイワシと昆布でだしをとるツユは、香り豊かでやや辛め。

☎0853-53-2366 住出雲市大社町杵築東659 ⏰9時30分〜16時 休無休 交バス停正門前から徒歩5分 P8台
MAP P52B2

▲地元に密着した老舗のそば店

## 三色割子蕎麦(3段) 1100円

トロロ、大根おろし、天カス(揚げ玉)が薬味と一緒にのる

どちらをいただきましょ?

ツユで味を好みに合わせて食べる

### 釜揚げ蕎麦 900円

へいわそばほんてん
## 平和そば本店

### 昭和25年(1950)の創業以来の人気店

伝統のままの手作業にこだわる店。地元産の玄そばを素材に手打ちし、冷水でしっかり締めるそばは、適度なコシと、のど越しのよさが特徴だ。割子蕎麦(3段)900円など。

☎0853-53-3240 住出雲市大社町杵築西2034 ⏰11時〜14時30分LO(そばがなくなり次第終了) 休木曜(臨時休業あり) 交一畑電車出雲大社前駅から徒歩15分 P15台
MAP P52B3

▲店舗は閑静な住宅街の中にある

## 出雲そばってどんなそばなの?

### 甘皮ごと挽き込むため色黒で香り豊か

盛岡の「わんこそば」、長野の「戸隠そば」と並び日本三大そばの一つとされる出雲そば。甘皮(外皮)ごと挽き込んだそば粉を使うことから色黒で、香りが強いのが特徴だ。出雲、松江、安来など、旧出雲国の各地で食べられる。

### 割子はツユを上からかける

割子(正円形の平たい漆器)に小分けされるのが割子そば。1人前は3枚(段)。つけ汁でなくツユを上からかけて食べる。

### 釜あげの汁はそば湯のみ

ゆであげたそばを器に入れ、そば湯をかけたもの。そばのシンプルな味が楽しめる。好みで薬味を散らし、ツユをかける。

ぜんざいと割子そばの
縁結びセット

神迎の道に面した老舗そば店「荒木屋」では、縁結びセット1060円が人気。割子そば2枚に、ハート形のそば団子入りそばぜんざい（さ、ご縁袋）とおみくじも添えられます。
☎0853-53-2352 MAP P52B2

---

三色割子そば　1300円

どちらを
いただきましょ？

▲山菜、きんぴら、トロロの3種。これに薬味を加えて食べる

◀薬味はあらかじめのせて出される

釜あげそば　並900円

### そばどころ いずも えにし
# そば処 出雲 えにし
**国産の玄そばにこだわる店**

契約農家の有機栽培玄そばを石臼挽きで自家製粉。挽きたて、打ちたて、ゆでたての「そばの3たて」を忠実に守っている。割子そば（3枚）900円、釜あげそばに山菜とトロロが付く特製えにしそば・並1080円、釜あげそばと割子そば2枚の割子釜あげセット1450円など。ほかに、ざるそば・並900円や、出雲名物の「のやき」もある。

☎0853-53-0165 住出雲市大社町杵築南836-1 営11時〜（そばがなくなり次第閉店）休水曜、ほか不定休交バス停正門前から徒歩2分 P神門通り広場駐車場利用91台
MAP P52C3

▲神門通りに店を構える人気店の一つ

---

割子そば　840円

どちらを
いただきましょ？

▲1人前は3枚になっており、1枚280円から注文することもできる

◀割子1〜2枚と一緒に食べる人も

釜揚げそば　700円

### てうちそばほんけ おおがじ
# 手打ちそば本家 大梶
**地元のそば通が常連の店**

国産のそばを原料に手打ち。製粉の際に挽き込む甘皮を少なめにするため、通常の出雲そばと比べるとやや白っぽい。ツユはやや甘め。適度なコシとなめらかな味わいから地元の常連客が多い。山菜、卵黄、紅葉おろしの三色割子そば1050円や、そば湯にツユを合わせ、トロロ、卵黄、薬味で食べる山かけそば（温・冷）950円なども人気。

☎0853-53-2867 住出雲市大社町北荒木451-4 営10〜15時（そばがなくなり次第閉店）休木曜（祝日の場合は営業）交バス停旧JR大社駅から徒歩1分 P6台
MAP P52C4

▲旧大社駅の向かい側にある

---

釜あげそば　858円

どちらも
おすすめです

▲ツユをかけて味を調えから食べる

◀「温」のほか、5〜9月は「冷」もある

縁結びそばぜんざい　748円

### そばどころ たなかや
# そば処 田中屋
**縁結びそばぜんざいもおすすめ**

国内産の玄そばを厳選し、こね、のし、包丁切りとすべて手作業で行う店。釜あげそばのほか、割子そば3段858円、トロロ、天カス、温泉玉子の三色割子そば1254円やとろろそば1144円などもおすすめだ。食後には、ハート形のそば入りだんごと結んだそばが入った限定20食の縁結びそばぜんざいをどうぞ。

☎0853-53-2351 住出雲市大社町杵築東364 営11〜16時（そばがなくなり次第閉店）休木曜（祝日の場合は営業）前後の平日不定休）交バス停正門前からすぐ P神門通り広場駐車場利用91台 MAP P52C2

▲勢溜の大鳥居の西側、斜め向かいに立つ

---

出雲では薬味は海苔、ネギ、紅葉おろしの3種、松江では刻み海苔、ネギ、大根おろし、カツオ節の4種の店（☞P74）が多く見られます。

# やさしい甘さに心もほっこり、ぜんざいを召し上がれ

和風甘味の代表的メニューとして人気の高いぜんざい。
そのルーツを探ると、実は出雲に始まるのだといわれています。

▶ミルクソフトにおつまみのイカを刺した甘じょっぱい名物・はまたろうソフト715円

**まずは定番のぜんざいを**

おつまみけんきゅうじょたいしゃもんぜんらぼと
にっぽんぜんざいがっかいいちごうてん

## おつまみ研究所大社門前ラボ&
## 日本ぜんざい学会壱号店

### 出雲唯一のぜんざい専門店

おつまみ専門店とぜんざい専門店がコラボした、地元の食文化を発信するショップ&喫茶。イートインスペースでは120種のおつまみとオリジナルのぜんざいなどが味わえる。島根の地酒も販売。

☎0853-53-6031 🏠出雲市大社町杵築南836-2 🕙10〜16時(15時30分LO)土・日曜、祝日は〜16時30分(16時LO) 🈺水曜(祝日の場合営業、翌日休) 🚌バス停正門前から徒歩2分 🅿神門通り広場駐車場利用91台
**MAP** P52C3

▶ひときわ目立つ名物店

**出雲ぜんざい**
**660円**
国産の大納言小豆と餅粉入り自家製白玉団子を入れたオリジナル。小豆の豊かな風味を楽しめる。

**こちらは焼き餅入り**

▶大きな焼き餅が印象的な縁結びぜんざい770円

---

**だんごも一緒にどうぞ**

**もっちりした餅が美味**

▲手前左が梅が香だんご

**出雲ぜんざい**
**580円**
食べごたえがあると評判

たいしゃもんぜんいづもや

## 大社門前いづも屋

### 素材を吟味したぜんざいとだんご

出雲ぜんざいには奥出雲・仁多のもち米100%の餅を使用。黒蜜きなこ、みたらし、みそ、小豆、うぐいす各1本135円、梅が香だんご1本165円の門前だんごも名物。

☎0853-53-3890 🏠出雲市大社町杵築南775-5 🕙10〜17時(季節によって変動あり、要問合せ) 🈺火曜(祝日の場合は営業し前後の平日代休) 🚌バス停正門前から徒歩2分 🅿なし
**MAP** P52C3

▲店内ではグッズも販売

### ぜんざいを使ったユニークなスイーツにも注目

神門通りカフェ ポンム・ベエルは元旅館の建物の一部を活用したカフェ。出雲名物のぜんざいにちなみ、小倉館とポ柚入り生クリームを使ったぜんざいロール520円が人気。
☎0853-53-6330 **MAP**P52C3

---

かんみきっさ・おこのみやき みちくさ

## 甘味喫茶・お好み焼
## みちくさ

### オリジナルのぜんざいをどうぞ

手作り餡でていねいにこしらえた自慢のぜんざいは温・冷各種650円～で、焼いた餅が入る。抹茶仕立ての風味が独特の抹茶ぜんざいをはじめ、オリジナルも多い。ほかに、本格手打ち十割そば980円～やお好み焼も好評。
☎0853-53-1718 **住**出雲市大社町杵築南859-3 **営**10～16時 **休**木曜（祝日の場合は営業し翌週の木曜前後の平日代休）**交**バス停電鉄大社駅から徒歩1分 **P**4台 **MAP**P52C3

◀ぜんざいに加えてお好み焼もある

こだわりぜんざいをいただきます

**抹茶ぜんざい**
**700円**
新鮮な味わいと評判

出雲そばと一緒にどうぞ

▶出雲そばとぜんざいの甘味セットもおすすめ

---

いずもぜんざいもち

## 出雲ぜんざい餅

### 老舗和菓子店自慢の上品な味わい

和菓子店の職人が作るぜんざいは、地元産の大納言小豆や糯粉（もちこ）など上質な食材を使用。素材の風味を生かして仕上げている。食べ歩くこともできる、ここだけで限定販売する「出雲ぜんざい餅」も人気がある。
☎0853-53-5026 **住**出雲市大社町杵築南840-1 ご縁横丁内 **営**7～18時（12～3月は～17時）**休**不定休 **交**バス停正門前からすぐ **P**神門通り広場駐車場利用91台
**MAP**P52C2

和菓子店の抹茶ぜんざいはいかが？

**抹茶ぜんざい**
**800円**
ふっくらと炊き上げた大粒の小豆と、出雲の老舗・茶三代一の高級抹茶が見事に調和する

▼勢溜の大鳥居前のご縁横丁にある

---

# 参拝後はおみやげハント！
# 神門通りで縁結びグッズ探し

かわいい縁結びグッズや島根の名産がずらりと並ぶ神門通りでおみやげ探し。
自分用にも贈り物にもぴったりなバリエーション豊かなアイテムが充実。

ウサギモチーフの
小さなだるま

### 神話だるま
（いなばのしろうさぎ）
1320円

耳と口がビームスカラーのオレンジになっているオリジナル商品。手のひらにおさまるほどの大きさなのでかさばらずみやげにもぴったり**❶**

運命を
占ってもらおう

### うさぎみくじ
各660円

かわいらしいウサギの中には出雲弁で書かれたおみくじが入る。全3種のオリジナル商品**❷**

勾玉のお守りで
運気アップ

### 勾玉根付
各950円～

出雲ならではのめのうを使用。アクセサリーやストラップとして身につければ気分も上がる！**❸**

カラーがかわいい
和紙だるま

### 出雲縁結びだるま
6600円

出雲民藝紙を使用してひとつひとつ手作業で和紙を貼っただるま。堀江だるまとのコラボアイテム**❶**

おみくじ
などを入れよう

### うさぎカップルお守り袋
各770円

中にパワーストーンやおみくじを入れて自分だけのお守りに**❷**

出雲らしい
キュートな柄

### オリジナル手ぬぐい
ご縁うさぎ
各1650円～

出雲大社や因幡のシロウサギ、勾玉などをかわいくあしらった手ぬぐいは全3色が揃う**❸**

---

出雲大社から徒歩4分
ぴーむす じゃぱん いずも
### ❶ ビームス ジャパン 出雲

各地の名所・景勝地に出店し、日本のモノ・コトの魅力を発信するBEAMS JAPANによる店舗。
☎0853-31-4505 🏠出雲市大社町杵築南1346-5 ⏰10～17時 休不定休 交一畑電車出雲大社前駅からすぐ P神門通り交通広場駐車場利用91台（有料）MAPP52C3

---

出雲大社から徒歩すぐ
いずも えんむすびのくに えすこ
### ❷ 出雲 縁結びの国 えすこ

食品や雑貨、工芸品など地元のよいものを集める。ウサギをモチーフにしたオリジナル商品も充実。
☎0853-31-4035 🏠出雲市大社町杵築南841 ⏰9～17時（季節により変動あり）休無休 交バス停正門前からすぐ P神門通り交通広場駐車場利用91台（有料）MAPP52C2

---

出雲大社から徒歩すぐ
めのうのみせ かわしま いずもたいしゃてん
### ❸ めのうの店 川島
出雲大社店

出雲特産青めのう（碧玉）を使ったアクセサリーや雑貨などを販売。☎0853-31-4333 🏠出雲市大社町杵築南772出雲杵築屋1階 ⏰10～17時（季節により変動あり）休不定休 交バス停正門前からすぐ P神門通り交通広場駐車場利用91台（有料）MAPP52C2

**神門通りの名物をお持ち帰り**

神門通りの名物店、福乃和（☞P31）ではおみやげ用のおふく焼き、ひとくちおふく焼き4個入り680円を販売。個包装で賞味期限も2週間なのでバラマキみやげにもぴったり。

**宝石みたいな寒天菓子**

**雪ふわり**
**8個入り1000円**

寒天にメレンゲを合わせた生地に、色とりどりの小粒のぜりぃをちりばめたお菓子。8つの味を楽しめる。フォトジェニックな見た目も◎④

**レンジでチンして食べよう**

**縁結びぜんざい**
**1人前540円**

紅白の餅入りぜんざいを手軽に味わえる。1人前を2人で食べて、幸せを半分こしよう ※夏季は販売休止⑤

**好きな場所に飾ろう**

**出雲しめ縄**
**880円**

ほかにも「健康長寿」「大願成就」「家内安全」など10種類ほどがある。特注化粧箱付き！⑥

**良縁祈願！みやげにも**

**紅白縁結びかん**
**4個入り 480円**

1つずつ手作業で結んだゼリー菓子。赤のあまおう苺と白のあかりんごの2種入りで色もおめでたい！④

**ハートを食べて運気アップ**

**縁結びかまぼこ**
**550円**

思わず写真を撮りたくなる、ラブリーなかまぼこ。弾力のある食感で食べごたえもあり！⑤

**神話にちなんだ箸を使おう**

**縁結び箸プチパール**
**1膳袋入り 各660円**

箸の導きでスサノオとイナダヒメが出会ったことに由来する、縁起のよい箸⑥

---

出雲大社から徒歩4分

いづもかんてんこうぼう いずもたいしゃさんどうほんてん

**④ いづも寒天工房 出雲大社参道本店**

出雲の老舗・津山屋製菓が寒天のおいしさを発信するショップ。
☎0853-53-5377 住出雲市大社町杵築南1364-11 時11〜16時 休不定休 交バス停電鉄大社駅からすぐ Pなし MAP P52C3

出雲大社から徒歩3分

いずもえんむすびほんぽ みなみてん

**⑤ いずも縁結び本舗 南店**

お菓子や山陰の特産の食品のほか、雑貨など300種類以上を揃える。縁結びグッズなどのおみやげも豊富。
☎0853-53-8110 住出雲市大社町杵築南860-7 時10〜17時 休無休 交バス停電鉄大社駅から徒歩2分 P神門通り交通広場駐車場利用91台（有料）MAP P52C3

出雲大社から徒歩すぐ

えんむすびばし ひらのや たいしゃてん

**⑥ 縁結び箸 ひらの屋 大社店**

縁結びにちなんだ箸が約70種も揃う専門店。
☎0853-53-0013 住出雲市大社町杵築南838-6 時9時30分〜17時 休無休 交バス停正門前からすぐ P神門通り交通広場駐車場利用91台（有料）MAP P52C2

---

📖 いづも寒天工房 出雲大社参道本店はカフェも併設。寒天や旬の果物を使ったスイーツも楽しめる。

# 紺碧の海、空に舞うウミネコ、日御碕をのんびりおさんぽ

散策所要
**半日**

朱塗りの社殿が美しい日御碕神社と、断崖に立つ白亜の灯台で有名な岬。
日本遺産にも認定されており、のんびりおさんぽするのがおすすめです。

## 日御碕って
(ひのみさき)
### こんなところ

**神社から灯台まで続く
遊歩道が快適**

出雲大社から北西へ海沿いに
約8km、島根半島最西端の岬。
毎年12月ごろから若鳥が育つ
7月半ばごろまでウミネコが乱
舞することでも知られる。夕日
の名所としても有名。

問合せ ☎0853-54-5400 (日御碕
ビジターセンター)
アクセス バス停出雲大社連絡所から
一畑バス日御碕行きで日御碕まで20
分、日御碕灯台まで23分
広域MAP P51A1〜2・折込裏A3

▲遊歩道を進むと前方に真っ白な灯台が見えてくる

徒歩
20分

❶天照大神を祀る日沈宮 (下
の宮) に参拝 ❷神の宮 (上の
宮) は高台の上にある ❸楼門
や回廊を含む14棟は国指定
重要文化財

## 1 日御碕神社
(ひのみさきじんじゃ)

**朱塗りの楼門や社殿が
ひときわ鮮やか**

楼門を入ると正面に天照大神の
日沈宮 (下の宮)、右手の高台上に
須佐之男命 (素盞嗚尊) の神の宮
(上の宮)。神の宮は須佐之男命が
投げた柏葉がこの地に止まったとい
う伝説に由来。その後、経島にあっ
た日沈宮が遷座したという。

☎0853-54-5261 ⓗ出雲市大社町日御
碕455 ¥ⓣ休境内自由 🚏バス停日御碕か
ら徒歩2分 Ⓟ20台 MAP P41中下

◀身に付けていると、あ
らゆる災厄を防ぐとい
う御神砂守700円

## ② いずもひのみさきとうだい
# 出雲日御碕灯台

### 青空を背景に立つ
### 白亜の灯台

柱状節理の断崖上に立つ。明治36年（1903）の完成で高さ43.65m、海面から灯火までの高さは63.3m。内部も見学でき、らせん階段を上った最上階からは周囲360度を見渡せる。

☎0853-54-5341 🏠出雲市大社町日御碕1478 ¥参観寄付金300円（中学生以上）⏰9時〜16時30分 休無休 🚌バス停日御碕灯台から徒歩6分 🅿県営駐車場利用200台 MAPP41中上

▲最上階の眼下には広大な日本海が

**徒歩5分**

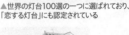
▲世界の灯台100選の一つに選ばれており、「恋する灯台」にも認定されている

## ③ まのしょうてん
# まの商店

### ヒラマサの海鮮丼は
### 鮮度抜群の人気メニュー

看板メニューは、ヒラマサの刺身が豪快にのったヒラマサの海鮮丼。ほかにサザエ丼1100円などもおすすめだ。米は最高級とされる仁多米コシヒカリを100％使用している。

☎0853-54-5201 🏠出雲市大社町日御碕1089-47 ⏰9時30分〜16時30分 休不定休 🚌バス停日御碕灯台から徒歩1分 🅿4台 MAPP41中央

❶食事処兼みやげ物店 ❷旬の魚の一夜干しは1盛り1000円〜（写真はイメージ）

▲ヒラマサの海鮮丼1500円

**徒歩5分**

## ④ とりみだい
# 鳥見台

### 国指定天然記念物の
### ウミネコの島を一望

神域とされる経島を眼下にできる展望台。毎年12月ごろに飛来するウミネコは、この島で卵をかえし、若鳥が育つ7月半ばごろまで周辺を乱舞する。なお、経島は上陸不可だが、日御碕神社西側の入江から間近まで歩いて行ける。

☎0853-54-5400（日御碕ビジターセンター）🏠出雲市大社町日御碕 ⏰休入場自由 🚌バス停日御碕から徒歩7分 🅿県営駐車場利用200台 MAPP41左中

▲経島は100mほど沖合にある

出雲大社からひと足のばして●日御碕をのんびりおさんぽ

**日御碕**

日本海

N
100m

出雲松島
灯台と夕日の小径
小松平展望台
出雲日御碕灯台②
界 出雲
灯台資料展示室
海の味通り（商店街）
日御碕ビジターセンター
日御碕灯台
日御碕遊歩道
県営
③まの商店
鳥見台
うみねこの坂道
宇竜別れ
経島
お宮通り
①日御碕神社
祖霊社
日御碕神社
足毛馬海岸へ
日御碕海中公園
おわし浜海水浴場
ちどり荘
出雲市
日御碕トンネル
神宮寺
ヴィラいづもや
29
出雲大社へ

📖 出雲日御碕灯台の北東にある小松平展望台（MAPP41中上）からは大小の島々が浮かぶ景勝地・出雲松島を一望できます。

# 出雲大社のほかにもあります 注目したい縁結びスポット

出雲大社のほかにも、郊外にはまだまだ知られざる縁結びの神社があります。
神様にお参りしたら神聖な空気漂う境内を散策。パワーがいただけそうです。

いろんな神社を
めぐりましょう

祭神◉須佐能袁命（須佐之男命）、稲田比売命、足摩槌命、手摩槌命
縁結びの由来◉祭神の須佐能袁命が八岐大蛇を退治し、助けた稲田比売命と結ばれた神縁が縁結びの始まり。

▲樹齢1300年余りといわれ、「大杉さん」とよばれる巨木にも注目

須佐

すさじんじゃ
## 須佐神社

### 「須佐の七不思議」が伝わる須佐能袁命の本宮

『出雲国風土記』に、須佐能袁命（須佐之男命）が「我名は岩木にはつけず土地につける」として須佐の地名を定め、自分の御魂を自ら鎮めたとあり、須佐能袁命の霊地とされている。境内にある塩水の井戸「塩井」など「須佐の七不思議」にも注目。

☎0853-84-0605 住出雲市佐田町須佐730
時料休境内自由 交JR出雲市駅から車で30分
P20台 MAP折込裏B5

▲拝殿の背後にそびえる本殿は典型的な大社造

湯の川温泉

やがみひめじんじゃ
## 八上姫神社

### 美人神として知られる八上姫を祀る

おおくにぬしのみこと
大国主命の子を宿し、臨月になった八上姫は出雲にやってきたが、正妻の須勢理姫を恐れ、生んだ子を木の股に挟み、因幡へ帰ってしまった。その際、湯の川温泉で湯浴みしてさらに美しくなったという伝説が起源。

☎0853-72-0333（湯元 湯の川）住出雲市斐川町学頭1329-1湯元 湯の川内 時料休参拝自由 交出雲市駅からJR山陰本線で11分、荘原駅下車、徒歩15分 P湯元 湯の川利用40台 MAP折込裏C4

祭神◉八上姫（比売）命
縁結びの由来◉「因幡のシロウサギ神話」で大国主命と八上姫が結ばれたことに由来している。

▲ハート形の縁結び絵馬大小2個1組800円。旅館・湯元 湯の川のフロントで販売 ▶創建年代は不明、湯元 湯の川（☞P49）の駐車場脇

出雲大社の北東の
山の中に鎮座している
隠れたパワースポット

素盞嗚命が新羅から渡り着いたという伝説が残る「韓竃神社」。約300段の自然石の石段を上り、大岩の間をくぐり抜けたところにある

☎0853-66-0001(鰐淵コミュニティセンター) **MAP**P51B2

◀神西湖の南東にある
高倉山の麓に鎮座

**神西湖周辺**
なめさじんじゃ
## 那売佐神社

### 須勢理姫ゆかりの
### 隠れたパワースポット

神西湖近くの須勢理姫生誕の地とされる場所にある。神社の上り口から東へ約100mの地には姫が産湯をつかったと伝わる「岩坪」ゆかりの岩坪明神の祠もある。

☎0853-43-1256(那売佐神社社務所) **住**出雲市東神西町720 **¥時休**境内自由 **交**出雲市駅からJR山陰本線で9分、出雲神西駅下車、車で5分 **P**あり **MAP**P51B4

祭神◉葦原醜男命（大国主命）、須勢理姫(比売)命
縁結びの由来◉須勢理姫は須佐之男命の娘。多くの女性と恋愛を重ねた大国主命が正妻とするほど深く愛したとされる。

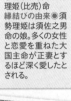

▶拝殿の背後に大社造の本殿が立つ

▲神門をくぐると正面に拝殿がある

**神西湖周辺**
ながはまじんじゃ
## 長浜神社

### 「国引き神話」の
### 主役の神様を祭る

主祭神は八束水臣津野命でほかの地方から「国来、国来」と国を引き寄せて島根半島を造ったという神様。水神であり、「綱引きの祖」のためスポーツ上達の神、土地を造ったため不動産守護の神とされる。

☎0853-28-0383 **住**出雲市西園町上長浜4258 **¥時休**境内自由 **交**JR出雲市駅から車で15分 **P**70台 **MAP**P51A3

▲3連式の鳥居の奥に
男石と女石の夫婦石
が鎮座

祭神◉八束水臣津野命
縁結びの由来◉国を引いてきて結びつけたことから縁結びのご神徳が。境内に子授け安産・縁結びの夫婦石もある。

◀お産の守り神として信仰を集める
▼参道には子を抱く八上姫の像が立つ

**直江**
みいじんじゃ
## 御井神社

### 八上姫の御子で
### 縁結びと安産の神

因幡に帰る途中に八上姫が生んだ木俣神（御井神）を祀る。安産と水の守護神で、地元の人は出産の際に必ずお参りするという。

☎0853-72-3146 **住**出雲市斐川町直江2518 **¥時休**境内自由 **交**出雲市駅からJR山陰本線で5分、直江駅下車、車で8分 **P**10台 **MAP**折込裏C4

祭神◉木俣神（御井神）
縁結びの由来◉祭神は大国主命と八上姫の愛の結晶。縁結びとともに安産守護の神としても知られる。

**縁結びマップ**

43

📖 稲田姫命、八上姫命、須勢理姫命など、出雲には女神を祭る神社がいっぱい。その多くは美人神としても知られます。

# 出雲と松江を結ぶローカル線
# 一畑電車にゴトゴト揺られて

乗車所要 約1時間

"バタデン"の愛称で地元っ子に親しまれる、風情たっぷりのローカル線です。
車窓の風景を楽しんで乗るもよし、途中下車して見どころへ行くのもおすすめです。

▲1000系の「ご縁電車・しまねっこ号Ⅱ」

## いちばたでんしゃ
## 🚃一畑電車

**映画にもなったローカル線で
のんびり鉄道旅を楽しむ**

電鉄出雲市駅から川跡駅経由松江
しんじ湖温泉駅を結ぶ北松江線と
川跡駅・出雲大社前駅を結ぶ大社
線の2路線。電鉄出雲市駅〜出雲
大社前駅は川跡駅乗り換え約20分、
電鉄出雲市駅〜松江しんじ湖温泉
駅約60分。大社線は田園地帯を、
北松江線は宍道湖の北岸を走る。

☎0853-62-3383（一畑電車営業課）
☎0852-21-2429（松江しんじ湖温泉
駅）🅈初乗り170円、出雲大社前駅〜松
江しんじ湖温泉駅820円、1日フリー乗車
券1600円 MAP P51B2〜C2・3、折込
裏B4〜E3

### 📷 一畑電車でパチリ！フォトアルバム

宍道湖畔の田園を走る
7000系の一畑電車

車両の種類は多彩。左は
1000系、右は5000系

7000系の車体は「出雲の風
景」がデザインテーマ

高浜駅〜遥堪駅間では粟津稲
生神社の社殿と鳥居間を走行

出雲大社前駅では映画で使
用されたデハニ50形を展示

車窓からの宍道湖の眺め。
その大きさにびっくり

## 途中下車して立ち寄ってみませんか?

### のんびり温泉を満喫

雲州平田駅から徒歩15分の「いずも縁結び温泉ゆらり」は中国地方最大級の日帰り温泉で源泉かけ流し。入浴700円(土・日曜、祝日800円)。
☎0853-62-1234 **MAP**折込裏C3

出雲大社前駅から33分
**一畑口駅** からバス11分
いちばたやくし(いちばたじ)
## 一畑薬師(一畑寺)

### 目と体と心を癒やす薬師如来

開創は寛平6年(894)で日本海から出現した薬師如来を祀る。古来、眼病と万病に霊験があるとされ、境内からは宍道湖や大山などを一望できる。境内にあるコテージにはプライベート「サウナ禅」がありウェルネスステイできる。

▶本尊の薬師如来を奉る薬師本堂

☎0853-67-0111 ⓗ出雲市小境町803 ⓎⓍⓗ境内自由(写経体験1000円〜、坐禅体験は前日まで要予約で1000円。詳細は要問合せ) Ⓧ一畑口駅から出雲市生活バス一畑薬師行きで11分、終点下車、本堂まで徒歩8分 Ⓟ130台 **MAP**折込裏C2

出雲大社前駅から2分
**浜山公園北口駅** から徒歩20分
いずもぶんかでんしょうかん
## 出雲文化伝承館

### 豪壮な母屋と庭園が必見

出雲地方の豪農の母屋と長屋門を移築・公開する。築地松に囲まれた出雲流庭園や抹茶が楽しめる「松籟亭」などがある。

▲周囲には出雲独特の築地松(ついじまつ)

☎0853-21-2460 ⓗ出雲市浜町520 Ⓨ入館無料(展覧会・呈茶は別途有料)、茶席450円 ⓣ9〜17時(最終入館16時30分) ⓗ月曜(祝日の場合は開館) Ⓧ浜山公園北口駅から徒歩20分 Ⓟ約200台 **MAP**P51B3

## ココにも行ってみましょう

出雲大社前駅から2分
**浜山公園北口駅** から徒歩15分
しまねわいなりー
## 島根ワイナリー

無料で試飲ができる試飲即売館とバーベキューハウスが人気。無料見学可のワイン製造工場もある。
☎0853-53-5577
**MAP**P51B2

出雲大社前駅から23分
**雲州平田駅** から徒歩10分
もめんかいどう
## 木綿街道

出雲格子の本石橋邸など江戸〜明治期にかけて木綿の市場町として栄えた面影が残る。
☎0853-62-2631
(出雲市立木綿街道交流館) **MAP**折込裏C3

出雲大社前駅から29分
**湖遊館新駅** から徒歩10分
しまねけんりつしんじこしぜんかんごびうす
## 島根県立宍道湖自然館ゴビウス

島根の河川や宍道湖・中海の生き物200種1万点を展示する水族館。
☎0853-63-7100
**MAP**折込裏C3

📖 一畑電車は一畑口駅でスイッチバックし、進行方向が入れ替わります。このため運転席が前後にあり、運転手さんが歩いて移動します。

# 風土の薫りが作品に息づく 出雲の窯元を訪ねてみませんか?

出雲エリアには山陰の民藝窯のシンボル・出西窯などの窯元が点在。
シンプルで独特のぬくもり感に満ちた作品が魅力的です。

◀展示場の「無自性館」には職人の技が生きたさまざまな品が並ぶ ▲焼成に使われる登り窯の内部も見学できる

斐川

しゅっさいがま

## 出西窯

**民藝窯のシンボル的存在で使いやすい日用品が中心**

柳 宗悦(やなぎむねよし)らの「民藝運動」に共鳴し、昭和22年(1947)に開窯して以来、島根県の土など地元の材料を使った陶器を製作。皿や茶碗といった和洋食器や花瓶、エッグベーカーなど、日用品としての使い勝手のよさと素朴な美しさに愛用者が多い。

☎0853-72-0239 住出雲市斐川町出西3368 ⏰9時30分～18時 休火曜(祝日の場合は営業) 交JR出雲市駅から車で15分 P80台 MAP P51C3

▲小鉢は種類も多い

▲日常的に使える湯呑みやフリーカップがおすすめ

◀深みのある青色から「出西ブルー」ともよばれている作品は全国的にファンが多い

敷地内の施設も要チェックです

パンがおいしいおしゃれなカフェ

る　こんしょんどーるしゅっさい

### ル コションドール出西

出西窯の器で季節の食材を使ったフードやドリンク、焼きたてのパンを楽しむベーカリー&カフェ。

☎0853-27-9123 ⏰9時30分～17時(16時30分LO) 休火曜、第2・4水曜

▲素材と製法にこだわったパンを販売

人気のセレクトショップ

びしょっぷ しゅっさいてん

### Bshop 出西店

中国四国エリア初出店の神戸発セレクトショップ。シンプルかつ機能的なウェアや雑貨が揃う。

☎0853-25-7332 ⏰10～18時 休火曜

▲長く愛用できるアイテムがいっぱい



※P46～47で紹介した作品は品切れや制作休止の場合があるのでご注意ください。

## 焼き物に加えて木工などの工芸品にも注目

「作り手と使う人を結ぶ空間」をコンセプトにした神門通りのセレクトショップANTWORKS GALLERY。店主が厳選した上質な器や雑貨が揃い、器やカラトリーなど全て手作り。
☎0853-53-2965 (MAP)P98C3

---

立久恵峡周辺
たちくえやき

# 立久恵焼

### 立久恵峡近くにある青磁、白磁が中心の窯元

京都の陶芸家・長谷川勇に師事後、昭和52年（1977）に開窯した糸賀正和さんの工房。作品は青磁、白磁を中心とした磁器。

☎0853-45-0563 (住)出雲市乙立町1151-1 (時)9〜18時
(休)無休 (交)JR出雲市駅から一畑バス出雲須佐行きで35分、乙立下車、徒歩10分 (P)なし（周辺駐車可） (MAP)P51B4

▶白磁のカップ&ソーサー5000円〜

▲青磁の色合いが美しいシンプルな一輪挿し5000円

◀青磁フリーカップは小2000円〜

▲洗練され、温もりに満ちた作品が多い

---

もっと民芸を知るなら

郊外／西出雲駅周辺
いずもみんげいかん

# 出雲民藝館

### "民藝"を実感できる品が並ぶ

展示品は、陶磁器、織物など、暮らしに密着した品。山陰地方を中心に全国から収集。建物は出雲の豪農・山本家の旧米蔵と木材蔵。(DATA)
☎0853-22-6397
(住)出雲市知井宮町628 (休)火曜（祝日の場合は翌日）(料)入館800円（特別展は別途）
(時)10〜17時（入館は〜16時30分）(交)出雲市駅からJR山陰本線で5分、西出雲駅下車、北口から徒歩10分 (P)12台 (MAP)P51B3

---

## 📖 民藝運動、民藝窯って？

Q民藝（芸）運動とは？
A無名の職人の手によって作られた日用品の中にこそ「飾らない美しさ」「用の美」があるとする考え方による運動。大正末期ごろから、柳宗悦らが全国的に展開した。

▶バーナード・リーチの影響を受けた湯町窯の作品

Q民藝（芸）窯って？
A民藝運動で誕生したり復興した窯元。出雲・松江では出西窯のほか、松江市街の袖師窯と玉造の湯町窯（MAP折込裏E3）が有名。

▶袖師窯のマグカップ

Qどんな人が知られているの？
A民藝運動は、柳宗悦のほか、益子焼で知られる浜田庄司や、安来市出身の河井寛次郎、バーナード・リーチなどが推し進めた。

Q出西窯が特に有名なのは？
A出西窯は今も民藝運動の主旨を生かし「無名の職人の技」にこだわるため、作家名を一切出さないのが特徴。出西ブルーや最近人気の"白"など、質の高さでも知られる。

---

# 日本三美人の湯・湯の川温泉でツヤツヤ美人を目指しましょう

和歌山の龍神、群馬の川中とともに「日本三美人の湯」とよばれます。
数軒の旅館が点在するのどかな温泉地で静かなステイを楽しみましょう。

## 湯の川温泉って こんなところ
ゆのかわおんせん

### 八上姫伝説に彩られた温泉地

JR出雲市駅の東方約10kmの地にある湯の川温泉は、山の谷あいに数軒の宿が点在する閑静な温泉地。因幡の美人神で大国主命とのロマンスで知られる八上姫（☞P24・42）がここで湯浴みし、いっそう美しくなったという伝説が残る。

**問合せ** ☎0853-31-9466（出雲観光協会）
**アクセス** 出雲市駅からJR山陰本線で11分、荘原駅下車
**広域MAP** 折込裏C4

▶国道9号沿いの道の駅 湯の川には足湯と解説板が

▲道の駅 湯の川の一角には、湯浴みする八上姫の像が立つ

▲湯の川温泉は古代ロマンにも満ちた湯だ

---

✛1泊2食付料金✛
平日2万3800円〜
休前日2万6800円〜

✛時間✛
IN15時 OUT10時
※風呂付客室は
OUT11時

❶離れは1泊2食付4万4000円〜。写真はその一つ「庄屋」の半露天風呂 ❷心地よい田舎の風情に満ちている ❸夕食には日本海の幸や地元の野菜などによる和食中心の創作料理が楽しめる

## 湯宿 草菴
ゆやど そうあん

### 古民家の雰囲気が心地よい湯宿

古民家を移築した離れに加え、レストラン棟、広い庭に面した和室の宿泊棟、さらに、クラシカルな造りの宿泊棟「紫雲閣」で構成された宿。貸切にできる源泉かけ流しの温泉など贅沢な空間を提供。

☎0853-72-0226 **住**出雲市斐川町学頭1491
**交**JR荘原駅から徒歩10分 **P**20台 **全**全16室（和室7、洋室7、離れ特別室2）**貸切風呂5**
**MAP** 折込裏C4

**くつろぎポイント**

和室宿泊棟は客室から情趣豊かな日本庭園を望むことができる

源泉かけ流し ❘ 部屋食 ❘ エステあり ❘ 禁煙ルームあり ❘ 大浴場あり ❘ ひとり宿泊OK

## 松園
しょうえん

📶🚭♨🚶(期間限定)

### 古代の住居や食事を再現した宿

古代ロマンに満ちた宿で、おすすめは離れの特別宿泊棟。「健部の郷の宮処」(1泊2食付4万1950円～)は古代宮殿の再現、「宇夜都弁」(1泊2食付3万3150円～)は古代建築を模している。

☎0853-72-0024 🏠出雲市斐川町学頭1683-5 🚉JR荘原駅から徒歩5分(送迎あり) 🅿10台 ● 全7室(和室4、和洋室1、離れ2棟)●内湯2 MAP折込裏C4

┿1泊2食付本館料金┿
平日2万4350円～
休前日2万6550円～
┿時間┿
IN16時
(離れは15時)
OUT10時
(離れは11時)

くつろぎポイント

離れ客室専用の半露天風呂「勾玉の湯」と「健の湯」は貸切で利用可。

1 左奥に立つのが「健部の郷の宮処」2 客室内も古代ムード満点 3 古代食のアレンジ「弥生の宴」は赤米や黒米、あるいは猪やキジの肉など、40種類余りの食材を使って調理している。器も特製の素焼き

---

## 湯元 湯の川
ゆもと ゆのかわ

📶🚭♨🚶

### 老舗の湯宿で贅沢な湯浴み

明治10年(1877)創業の老舗。源泉かけ流しで24時間入浴できる温泉が評判で、大浴場に加え、貸切露天風呂も設けられている。料理は地元の食材を使用。ノドグロやしまね和牛を使ったプランもある。

☎0853-72-0333 🏠出雲市斐川町学頭1329-1 🚉JR荘原駅から徒歩15分(送迎あり、要問合せ) 🅿40台 ●全11室(和室11)●内湯2、貸切風呂3 MAP折込裏C4

┿1泊2食付料金┿
平日1万6500円～
休前日1万9800円～
┿時間┿
IN16時 OUT10時

1 源泉かけ流しの湯が浴槽になみなみと注がれている大浴場 2 湯の川温泉の旅館の中で最も奥に位置している 3 貸切露天風呂は3つあり、それぞれに趣が異なった造りになっている。宿泊者は利用無料

くつろぎポイント

女性客には、選べる浴衣と源泉を使ったシートマスクなどのサービスが。

※S…シングル、T…ツイン、D…ダブル

---

🏨 出雲市駅周辺のホテル

### 出雲グリーンホテルモーリス
いずもぐりーんほてるもーりす

出雲市駅南口の左手前方。大浴場完備。和洋の朝食バイキングも好評。☎0853-24-7700 🏠出雲市駅南町2-3-4 🚉JR出雲市駅南口から徒歩1分 🕐IN15時、OUT10時 💴S7040円～ 🅿100台 ● 179室(S154、T17、D8) MAP P52A4

### 東横INN出雲市駅前
とうよこいんいずもしえきまえ

無料サービスの朝食が内容も充実し好評。☎0853-25-1044 🏠出雲市今市町971-13 🚉JR出雲市駅北口から徒歩1分 🕐IN16時、OUT10時 💴S7000円～ 🅿28台(ほかに契約もあり) ●135室(S99、T18、D18) MAP P52A4

📖 出雲市駅前のほか、出雲大社周辺にも旅館が点在しています。宿泊して早朝に出雲大社を参拝してみるのもおすすめです。

## ココにも行きたい

# 出雲大社周辺＆郊外のおすすめスポット

---

**出雲大社周辺**
いのちぬしのやしろ
### 📷 命主社

隠れたパワースポット

出雲大社の摂社の一つで天地開闢の造化三神の一柱・神皇産霊神を祀る。社の前には推定樹齢1000年というムクの巨木がそびえる。寛文5年(1665)にはここから弥生時代の銅戈と勾玉が発見された。**DATA**☎0853-53-3100（出雲大社）住出雲市大社町杵築東Ⓨ境内自由図バス停出雲大社連絡所から徒歩8分Ｐなし**MAP**P52C2

**出雲大社周辺**
いずもおくにのはか
### 📷 出雲阿国の墓

歌舞伎の祖とされる伝説の女性の墓

安土桃山時代〜江戸時代初期の京都にて歌舞伎踊りで一世を風靡したという出雲阿国。一説では出雲大社の巫女で、晩年は出雲大社近くの阿国寺「連歌庵」で過ごしたといわれている。**DATA**☎0853-53-2298（神門通り観光案内所）住出雲市大社町杵築北Ⓨ⌚周辺自由図バス停出雲大社連絡所から徒歩5分Ｐ6台**MAP**P52B2

**出雲大社周辺**
てぜんびじゅつかん
### 📷 手錢美術館

展示品はもちろん建物も必見

地元の旧家・手錢家の米蔵と酒蔵を利用し、代々収集した美術工芸品を展示。松江藩の御用窯だった楽山焼などの名品が見られる。**DATA**☎0853-53-2000住出雲市大社町杵築西2450-1Ⓨ入館800円⌚9〜17時（入館は〜16時30分）休火曜（祝日の場合は翌日）図バス停正門前から徒歩10分Ｐ30台**MAP**P52B2

---

**出雲大社周辺**
みちのえき たいしゃごえんひろば
### 📷 道の駅 大社ご縁広場

買い物も食事も足湯も満喫

島根県のみやげを扱う出雲物産館のほか、食事処「そば処 吉兆」や足湯も完備。出雲物産館では県内のおみやげ2000種類以上が揃う。**DATA**☎0853-53-5150住島根県出雲市大社町修理免735-5Ⓨ見学無料⌚9〜18時（土・日曜、祝日は〜19時、そば処吉兆は11時〜16時30分L.O.季節により変動あり）休無休図バス停吉兆館前からすぐＰ188台**MAP**P52C4

**出雲大社周辺**
ほうのうざんこうえん
### 📷 奉納山公園

山頂から望む神話の舞台

国引き神話の長浜から三瓶山まで見渡せる展望台へ。途中には出雲阿国を顕彰した塔もある。公園の入口から石段で上るほか、山頂まで車で行くことも可能。**DATA**☎0853-53-2298（神門通り観光案内所）住出雲市大社町杵築北3072-1ⓎⒸ入園自由図バス停出雲大社連絡所から徒歩10分Ｐなし**MAP**P52A2

**郊外／斐川**
いずもきると美術館
### 📷 出雲キルト美術館

周辺の田園は"出雲の原風景"

日本で唯一の本格的なキルトの美術館。作品、生け花、庭、建物が融合した展示方法が独特だ。築200年という出雲様式の古民家を活用した館内には、喫茶室とミュージアムショップも設けられている。**DATA**☎0853-72-7146住出雲市斐川町福富330Ⓨ入館700円⌚10〜17時休水曜、第3日曜図JR直江駅から車で10分Ｐ15台**MAP**折込裏C3

---

**郊外／斐川**
こうじんだにはくぶつかん
### 📷 荒神谷博物館

古代史の常識をくつがえした遺跡を紹介

358本の銅剣などが発掘された国指定史跡・荒神谷遺跡にあり、遺跡に関する詳しい情報を映像やパネルで紹介。**DATA**☎0853-72-9044住出雲市斐川町神庭873-8Ⓨ常設展示観覧料205円（特別展は別途）⌚9〜17時（入館は〜16時30分）休無休、ただし火曜（祝日の場合は翌日）図出雲市駅からJR山陰本線で11分、荘原駅下車、車で5分Ｐ200台**MAP**折込裏C4

**郊外／加茂**
かもいわくらいせき
### 📷 加茂岩倉遺跡

銅鐸発掘時の様子も分かる

1カ所からの出土としては全国最多の39個の銅鐸が発掘された国指定史跡。加茂岩倉遺跡ガイダンスがあり、散策路を整備。**DATA**☎0854-49-7885（加茂岩倉遺跡ガイダンス）住雲南市加茂町岩倉837-24Ⓨ見学自由※加茂岩倉遺跡ガイダンスⓎ入館無料⌚9〜17時休火曜（祝日の場合は翌日）図出雲市駅からJR山陰本線で15分、宍道駅下車、車で15分Ｐ40台**MAP**折込裏D4

**郊外／出雲市大津町**
いずもやよいのもりはくぶつかん
### 📷 出雲弥生の森博物館

弥生の出雲王に出会える！

全国的にも珍しい大形の四隅突出型墳丘墓が集まる国指定史跡・西谷墳墓群に隣接。弥生時代の出雲王の謎に迫っている。**DATA**☎0853-25-1841住出雲市大津町2760Ⓨ入館無料⌚9〜17時（入館は〜16時30分）休火曜（祝日の場合は翌日）図JR出雲市駅から車で10分、または一畑電車大津町駅から徒歩20分Ｐ36台**MAP**P51C3

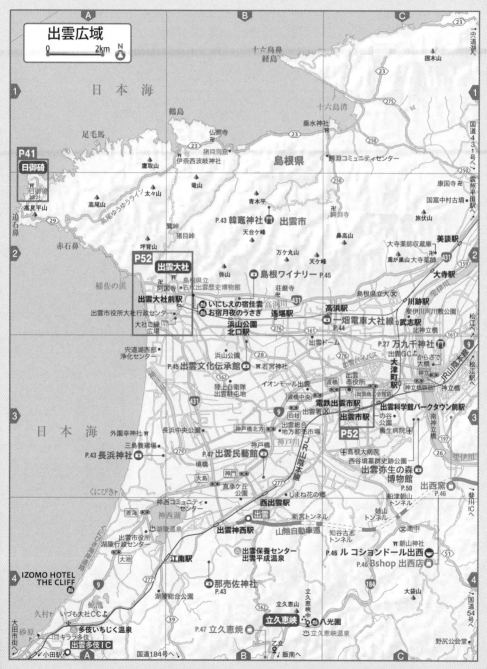

# 出雲広域

0　　　2km　N

P41 日御碕

P52 出雲大社

P52 出雲市駅

日本海

鶴島
足毛馬

十六島鼻
経島

十六島湾

垂水神社

島根県

仏照寺
卍
猪目洞窟
伊奈西波岐神社
卍

鷺淵コミュニティセンター

鷹取山
高見平山
高尾山
太々山
竜山

P41 日御碕
日御碕神社

康国寺卍
国富中村古墳
旅伏山

高見平山
赤石鼻
道石鼻

鷺峠
猪目峠

青木平
P43 韓竈神社　出雲市
天台ケ峰

大寺薬師収蔵庫
鳶が巣山大寺薬師
美談駅
大寺駅

坪背山

万ケ山
弥山

天ケ峰
鼻高山

稲佐の浜

P52 出雲大社
阿国寺
卍
出雲大社前駅

島根県立
古代出雲歴史博物館

島根ワイナリー P.45
荘厳寺
卍

斐伊川

島根県立大☒
川跡駅
斐伊川河川敷公園

松江へ

出雲市役所大社行政セン…
大社縁結び広場

いにしえの宿佳雲
お宿月夜のうさぎ
浜山公園北口駅

高浜駅
一畑電車大社線 P.44
武志駅

北神立橋

宍道湖西部・
浄化センター

浜山公園

遙堪駅

出雲ドーム

P.45 出雲文化伝承館
陸上自衛隊
出雲駐屯地

若宮神社

出雲代替バス

P.27 万九千神社
出雲GC☒
からさで
大橋

JR山陰本線

大津町駅

松江駅へ

9

日本海

外園幸神社☒

長浜中央公園

神戸橋北方

電鉄出雲市駅
出雲署

出雲市駅
P52

出雲科学館パークタウン前駅
一の谷
養生病院

南神立橋

神立橋

三島養鶏場

P.43 長浜神社

境橋

神戸川

出雲総合
地方卸売市場

出雲市役所

出雲商工会館前

斐伊川

9
白枝

出雲市役所

島根大病院
西谷墳墓群史跡公園

26

くにびき⊥

外西コミュニティ
センター

差海

神西湖

P.47 出雲民藝館

神門

真幸ケ丘
公園

しまね花の郷

船津朝山
トンネル

姉山
トンネル

出雲弥生の森
博物館
P.50

出雲窯
P.46

斐川IC

西出雲駅

出雲

新宮トンネル

山陰自動車道

朝山神社

湖陵温泉

出雲市役所
湖陵行政センター

大池

出雲神西駅

知谷古志
トンネル

P.46 ルコションドール出西
P.46 Bshop 出西店

51

江南駅

出雲保養センター
出雲平成温泉

4

IZOMO HOTEL
THE CLIFF

9

湖陵総合公園

那売佐神社
P.43

162
立久恵山

大袋山

国道54号へ

久村キャンプ場
いづも大社CCよ

出雲多伎IC

多伎いちじく温泉
キララ多伎

P.47 立久恵焼

立久恵峡
八光園

立久恵峡温泉

大田市街へ
砂原

小田駅

国道184号へ

飯南へ

野尻公会堂

# 松江の城下町を巡って
# 和の情緒をたっぷり感じましょう

千鳥城とよばれる優美なお城の天守から旧城下町を一望。
豊かな水をたたえたお堀を遊覧船でゆったりと巡った後は
美しい庭園を眺めつつ、愛らしい和菓子とお抹茶で一服…。
和風情緒あふれる松江で、風雅な一日を過ごしてみましょう。

これしよう！
宍道湖が育む
七種類の魚介

シジミやモロゲエビなど宍道湖七珍の料理はぜひ味わいたい。(☞P72)

これしよう！
茜色に染まる
夕日に感動

宍道湖は夕日の美しさで有名。夕日観賞スポットに出かけてみて。(☞P70)

これしよう！
国宝の松江城天守と
塩見縄手は必見

国宝松江城 (☞P56) 観光の後は、往時の面影が残る塩見縄手 (☞P58) へ。

彩り豊かな松江和紙てまりは松江独特の工芸品(☞P81)

水の都と称される情緒あふれる旧城下町

# 松江

まつえ

地元では定番の釜あげそば(☞P75)

こんなところ

国宝の松江城天守がシンボルの旧城下町。内堀内の一帯は城山公園として整備され、北側のお堀沿いの塩見縄手には小泉八雲の記念館と旧居などがある。松江藩松平家第7代藩主・治郷 (不昧公) の影響でお茶と菓子の文化も残り、今なお多くの和菓子店が点在。京店商店街などにも立ち寄りながら風情ある町歩きを楽しみたい。

a c c e s s

| ●空港から | ●空港から |
|---|---|
| 米子空港 | 出雲空港 |
| ↓ 空港連絡バス 松江行き 45分 | ↓ 空港連絡バス 松江行き 35分 |
| 松江駅 | 松江駅 |

※松江までの交通は☞P120、市内中心部の交通は☞P122交通ガイドを参照

問合せ ☎0852-27-5843
松江観光協会
問合せ ☎0852-21-4034
松江国際観光案内所
広域MAP 折込裏E・F3

# ～松江 はやわかりMAP～

# 下見板張りの優美な姿、街のシンボル・国宝松江城

見学所要
**1**時間

風情あるお堀に囲まれた国宝松江城は松江のシンボル的な存在。
一帯は城山公園として整備され、緑の中にみどころや茶屋が点在しています。

▲高さ約30mで外観4重、内部は地上5階、地下1階。包板を施した柱や桐の急階段などが特徴の内部も見学できる

こくほうまつえじょう（じょうざんこうえん）
## 国宝松江城（城山公園）

### 国宝の天守を中心にみどころが点在

松江開府の祖・堀尾吉晴と、その孫で第2代藩主の忠晴により慶長16年（1611）に築かれた松江城。江戸時代の姿のままに残る国宝の天守は、入母屋破風が設けられ、千鳥城ともよばれる。

☎0852-21-4030（松江城山公園管理事務所）🏠松江市殿町1-5 💴入園自由、天守は登閣680円（天守・小泉八雲記念館・武家屋敷共通券1100円、天守・松江歴史館共通券950円）🕐天守8時30分〜18時最終受付（10〜3月は〜16時30分最終受付）🈂無休🚌ぐるっと松江レイクラインバス停国宝松江城（大手前）からすぐ🅿松江城大手前駐車場67台、城山西駐車場158台（ともに有料）🗺P96B1

城内の造りや展示も注目です

▲包板を施した柱など独特の造りにも注目を

天守からのベストビューはこちらです

▲望楼からは360度の景色が見渡せる。なかでも宍道湖方面はすばらしい

◀小泉八雲が気に入っていたという石狐

松江 ● 街のシンボル・国宝松江城

## 松江の観光前に立ち寄ろう

「ぷらっと松江観光案内所」では、観光やイベントの情報などをチェック。記念刻印メダルの販売場所で、みやげやグッズも購入できます。
☎0852-23-5470 **MAP**P96C2

### じょうざんいなりじんじゃ
## 城山稲荷神社

小泉八雲が足繁く通った神社。境内には多くの狐像が並び、八雲が好んだという石狐もある。10年ごとの5月には、日本最大級の船神事「ホーランエンヤ」を開催（次回は2029年）。
☎0852-21-1389 ¥●境内自由 ⚙ぐるっと松江レイクラインバス停小泉八雲記念館前から徒歩5分 **MAP**P96B1

### こううんかく
## 興雲閣

明治36年（1903）に迎賓館として建造された建物。木造2階建ての擬洋風建築で、明治期の姿に復元されている。1階には亀田山喫茶室がある。
☎0852-61-2100 ¥入館無料
●8時30分～18時30分（10～3月は～17時）※最終受付は閉館15分前 ●無休 ⚙ぐるっと松江レイクラインバス停国宝松江城（大手前）から徒歩5分
**MAP**P96B2

▲回廊にコロネード（列柱）が

▶日本庭園と国宝の松江城天守を眺めながら過ごせる大広間は入館無料

### まつえれきしかん
## 松江歴史館

城下町・松江の歴史と文化を分かりやすく解説。館内には喫茶はるやミュージアムショップ縁雫などもある。
☎0852-32-1607 ¥入館無料、基本展示観覧は510円（企画展は別途）、松江城天守との共通券950円 ●9～17時 ●月曜（祝日の場合は翌平日）⚙ぐるっと松江レイクラインバス停大手前堀川遊覧船乗場・歴史館前から徒歩3分 **MAP** P96C2

天守を見学後は園内をぐるり散策

### 地図（MAP）

塩見縄手入口
小泉八雲記念館
小泉八雲旧居
新橋通り
小泉八雲記念館前
新橋
稲荷橋
城山稲荷神社
塩見縄手
武家屋敷
明々庵へ
東屋
鎮守の森
堀川（内堀）
松江護国神社
休憩広場
北之丸
松山西内川
国宝松江城（城山公園）
塩見縄手
亀田橋
北ノ門跡
馬洗池
宇賀橋
椿谷
天守
二之丸北惣門橋
下ノ段
本丸
松江歴史館
入場券売場
西櫓門
一ノ門
三ノ門跡
大手門跡
ぷらっと松江観光案内所
松江神社
興雲閣
太鼓櫓
ちどり茶屋
二之丸上ノ段
中櫓堀尾吉晴公銅像
大手前広場
大手堀川遊覧船乗場・歴史館前
千鳥橋（御廊下橋）
松江堀川めぐり乗船場
国宝松江城（大手前）
松江市観光ボランティアガイド待機所（原則日曜のみ）
バス停国宝松江城県庁前へ
N 100m

▲大手門跡から園内に入ってすぐ右手にある茶屋

### ちどりちゃや
## ちどり茶屋

松江独特のぼてぼて茶650円、出雲ぜんざい600円など。割子蕎麦にしじみの炊き込みご飯としじみ汁が付いた割子蕎麦セット1200円といった食事メニューもある。
☎0852-28-6007 ●10時30分～16時30分LO ●無休 ⚙ぐるっと松江レイクラインバス停国宝松江城（大手前）から徒歩3分 **MAP**P96C2

### まつえじんじゃ
## 松江神社

松江藩松平家初代藩主・松平直政を祭神に楽山神社として創建。徳川家康を合祀した翌明治32年（1899）、この地に移され改名した。その後、松平治郷（不昧公）と、堀尾吉晴を配祀。
☎0852-22-2324 ¥●●境内自由 ⚙ぐるっと松江レイクラインバス停国宝松江城（大手前）から徒歩5分 **MAP**P96B2

※ここに奉納するハート形の絵馬630円は「ぷらっと松江観光案内所」「興雲閣」などで扱っている。

▲松江を代表する2人の藩主と徳川家康ほかが祭神

📖 松江歴史館にある「喫茶きはる」では、現代の名工が実演した作りたての上生菓子を、抹茶セット820円で味わえます。

散策所要
**1時間**

# 武家屋敷や八雲旧居が並ぶ
# 趣ある塩見縄手をおさんぽ

松江城北側の内堀沿いに延びる通りで、江戸時代の面影が色濃く残ります。
武家屋敷や小泉八雲ゆかりのスポットをめぐって、そぞろ歩きを楽しみましょう。

## しおみなわて
## 塩見縄手って
## こんなところ

**老松が続く散策路を歩く**

「日本の道百選」に選ばれた約500mの通りで、かつてここには上級中級武士の屋敷が立ち並んでいた。「塩見」とはこの地に住んでいた松江藩中老の塩見小兵衛に由来し、「縄手」は縄のように細く延びた道のこと。

**問合せ** ☎0852-27-5843(松江観光協会)
**アクセス** ぐるっと松江レイクラインバス停小泉八雲記念館前から徒歩すぐ **¥**散策自由。松江城天守・小泉八雲記念館・武家屋敷共通券1100円 **P**松江城大手前駐車場67台、城山西駐車場158台(ともに有料)
**MAP** P96B1

▲堀川沿いに老松の並木が続く散策路が整備されている

くぐるの
楽しい〜

▶通りをふさぐような大きな老松もある

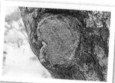

◀ハートの切株がある松を発見!

徒歩
すぐ

## こいずみやくもきねんかん
## ❶ 小泉八雲記念館

**八雲の生涯や事績などを紹介**

「耳なし芳一」など『怪談』の著者として知られる小泉八雲 (☞P62) 関連資料を収蔵・展示。第1展示室では八雲の生涯を編年で紹介。第2展示室では八雲の事績や思考の特色を8つの切り口で紹介。「再話」のコーナーには、松江市出身の俳優・佐野史郎さんの朗読で怪談が聴ける「怪談ルーム」がある。

☎0852-21-2147 **住**松江市奥谷町322 **¥**入館410円 (共通入場券あり☞P22塩見縄手) **時**8時30分〜18時10分最終受付 (10〜3月は〜16時40分最終受付) **休**無休 **交**ぐるっと松江レイクラインバス停小泉八雲記念館前からすぐ **P**なし **MAP** P96B1

▲小泉八雲についてさまざまな視点から解説している

**堀川を望む茶屋に立ち寄り**

テラス席を設けた「塩見茶屋」では、泡立てた番茶に十穀米や黒豆などを入れていただく松江名物のぼ くはて茶700円などを味わえます。
☎0852-25-4031 **MAP**P96B1

▲奥にある離れの座敷の窓からは池や茶室が望める

## やくもあん
### ④ 八雲庵

**情趣あふれるそば処で名物の鴨なんばんを**

名物メニューは鴨なんばん1300円で、鴨肉のうまみたっぷりのダシと風味豊かなそばとが絶妙にマッチ。鴨汁付きの天ぷら割子そば2200円なども人気だ。
☎0852-22-2400 **地**松江市北堀町308 **時**11時～13時30分(売切れ次第終了) **休**不定休 **交**ぐるっと松江レイクラインバス停小泉八雲記念館前から徒歩2分 **P**4台 **MAP**P96B1

## こいずみやくもきゅうきょ(へるんきゅうきょ)
### ② 小泉八雲旧居(ヘルン旧居)

**八雲が愛した庭のある武家屋敷**

明治24年(1891)6月から、11月の熊本赴任まで、セツ夫人とともに過ごした屋敷(一部公開)。著書『知られぬ日本の面影』で、屋敷と庭の魅力について記している。
☎0852-23-0714 **地**松江市北堀町315 **¥**入館310円 **時**8時30分～18時10分最終受付(10～3月は～16時40分最終受付) **休**無休 **交**ぐるっと松江レイクラインバス停小泉八雲記念館前からすぐ **P**なし **MAP**P96B1

▶八雲愛用の机と椅子のレプリカがある

**徒歩すぐ**

**徒歩すぐ**

**徒歩すぐ**

## ぶけやしき
### ⑤ 武家屋敷

**武士の屋敷を復元・公開**

江戸時代初期から、塩見縄手の名前にゆかりがある塩見小兵衛など、松江藩の上～中級武士が入れ替わり住んだ武家屋敷。調査に基づき、明治期の姿に復元されている。
☎0852-22-2243 **地**松江市北堀町305 **¥**入館310円(共通券あり **☞**P22塩見縄手) **時**8時30分～18時30分(10～3月は～17時)※最終受付は閉館30分前 **休**無休 **交**ぐるっと松江レイクラインバス停小泉八雲記念館前から徒歩3分 **P**なし **MAP**P96B1

▲生活用品も展示され武士の暮らしぶりも分かる

## たなべびじゅつかん
### ③ 田部美術館

**茶の湯の文化を伝える**

たたら製鉄で財を成した出雲の名家・田部家伝来の茶道具や書画、陶磁器などを展示。楽山焼や布志名焼の名品に加えて、不昧公(**☞**P77)ゆかりの品も見られる。
☎0852-26-2211 **地**松江市北堀町310-5 **¥**入館700円 **時**9～17時(16時30分最終受付) **休**月曜(祝日の場合は開館) **交**ぐるっと松江レイクラインバス停小泉八雲記念館前からすぐ **P**4台 **MAP**P96B1

▲建築家・菊竹清訓が設計

**松江 ● 趣ある塩見縄手をおさんぽ**

**塩見縄手**

❶小泉八雲記念館

❷小泉八雲旧居(ヘルン旧居)

小泉八雲記念館前(松江市営バス松江駅方面行き)※1日4～6便

❸田部美術館

❹八雲庵

❺武家屋敷

明々庵 P.77

小泉八雲記念館前(ぐるっと松江レイクライン堀川遊覧船乗場方面行き)

❸塩見茶屋 P.59

grá Herun P.80(おみやげと和のスイーツ)

小泉八雲胸像 P.59

城山公園

堀川(北田川)

📖 小泉八雲旧居の向かい側には小さな広場があります。かたわらにたたずむ小泉八雲胸像(**MAP**P59左)は定番の撮影スポットです。

# 水の都を船にゆられて
# 風情あふれる堀川めぐり

見学所要
**50分**

国宝松江城を取り囲むお堀を遊覧船で一周できるのがぐるっと松江堀川めぐり。
身を屈めて橋をくぐり、どこか懐かしい日本の風景を楽しみましょう。

ぐるっとまつえほりかわめぐり
## ぐるっと松江
## 堀川めぐり

### 17の橋をくぐり
### 美しい水景を眺める

国宝松江城を囲むお堀は、
慶長16年(1611)の築城と
同時に造られ、今もほぼそ
のままの姿を残している。
ぐるっと松江堀川めぐり
(堀川遊覧船)では、堀川、
京橋川、米子川と、1周約
3.7kmのコースを船頭さん
のガイドとともに約50分で
周遊。途中、木々が生い茂
る中をゆっくり進むポイン
トや、船の屋根を低くしな
いとくぐれない橋など、アト
ラクション感覚で楽しめる
のも魅力の一つだ。
☎0852-27-0417 ⊕松江市
黒田町507-1 ¥1日乗船券
1600円(1日何回でも乗り降り可)
🕒9~17時(時期によって異なる)
⊗無休(荒天時は運休またはコース
変更の場合あり)
※乗・下船場は3カ所ある
(☞P61下欄参照)
**MAP**P96B1・C2,P98B4

ここからが
ベストビュー

きたぼりばし
**北堀橋**

北堀橋をくぐると前方に宇賀橋、
左手に国宝の松江城天守が見え
てくる。城山公園の木々も美しい。
**MAP**P61右上

▶船頭さんによ
る軽妙な松江
ガイドも好評

▲水面を滑る船から国宝の松江城天守を望む

**ハート形の甲羅にご利益あり!**
松江堀川ふれあい広場の乗船場そばの「亀の石像」。背中の亀甲模様の中にハートマークが隠されているので、見つけたらご利益があるかも。
**MAP** P96B1

**ふもんいんばし**
## 普門院橋
普門院(☞P76)の前に架かっている橋。橋が低いのでスリル満点。屋根を下げてくぐるので体をかがめて小さくなろう。

**よなごがわ**
## 米子川
京橋川から左折し、甲部橋を通過すると、のどかなムードの風景が見られる米子川の、のんびりとした船旅に。

**しおみなわて**
## 塩見縄手
武家屋敷風の建物が軒を並べ、老松の並木の鮮やかな緑が美しい塩見縄手。城下町の風情が色濃く漂っている。

**堀川めぐりの**
**みどころをご案内**

**つばきだにふきん**
## 椿谷付近
緑の木々がまるで原生林のように生い茂る。城下町の風景とは異なり、まるで樹木のトンネルのような中を進んでいく。

**うべやばし**
## うべや橋
**あんきょ**
暗渠型のトンネル状の橋で、屋根を下げて通り抜ける。左右の幅もぎりぎりなのでスリル満点。

**きょうばし**
## 京橋
石材でできた橋で平成7年(1995)に架け替えられたもの。右手は京店商店街で、ここをくぐると、すぐ右にカラコロ広場の乗船場がある。

---

**＼ 乗船場はこちらです ／**

定時便は松江堀川ふれあい広場と大手前広場の2ヵ所から出発し、時計と反対回りにどの乗船場にも立ち寄る。

### 松江堀川ふれあい広場 **MAP** P96B1
3つある乗船場のなかで一番規模が大きい。
🚌 一畑バス・ぐるっと松江レイクラインバス停堀川遊覧船乗場から徒歩2分 🅿 城山西駐車場利用158台(有料)
▶ご当地のクラフトビールが近くで飲める

### 大手前広場 **MAP** P96C2
松江城入口の松江城大手前駐車場の一角に。
🚌 ぐるっと松江レイクラインバス停大手前堀川遊覧船乗場・歴史館前からすぐ 🅿 松江城大手前駐車場利用67台(有料)
▶松江城観光に便利

### カラコロ広場 **MAP** P98B4
京店商店街の一角に設けられている。
🚌 一畑バス・ぐるっと松江レイクラインバス停京橋から徒歩2分 🅿 京店商店街駐車場利用約90台(有料)
▶この乗船場が起点の定期便はなし

📖 ぐるっと松江堀川めぐりのコースには春は桜、夏はショウブやアジサイとお堀端に季節の花が咲き、城下町を艶やかに彩っています。

# 松江を愛した小泉八雲と ゆかりのスポット

日本の伝統文化を愛し、とりわけ山陰地方の霊的世界に興味を
もったという小泉八雲と、松江に残るゆかりのスポットをご紹介します。

## 日本文化を広く世界に紹介した小泉八雲

松江の武家屋敷で暮らし、「ヘルンさん」の愛称で親しまれた
小泉八雲とはどんな人物だったのでしょう。

### Q 小泉八雲ってどんな人？

**A** 嘉永3年（1850）に
ギリシャのレフカダ
島でアイルランド人の父と
ギリシャ人の母の間に生ま
れた。明治23年（1890）、
40歳のときに、英語教師
として松江に赴任。武家の

娘セツと結婚し、1年3カ月
にわたり松江で暮らした。
その間、各地を精力的に取
材し、後に山陰の風土や文
化に関する作品を残した。
日本国籍取得前の名前は
ラフカディオ・ハーン。

▶青い目の日本人と
いわれ、日本人以上
に日本文化や風土を
好んだ小泉八雲

◀松江など山陰各
地について執筆し
た部屋が残る小泉
八雲旧居（ヘルン旧
居）（☞P59）

### Q 代表作はなんですか？

**A** もっとも有名な作品
は、妻の小泉セツか
ら聞いた不思議な話を元
に、自身の考察を加えて著
した『怪談』。「耳なし芳一」
「むじな」「雪女」など日本
各地の伝説や幽霊話を再
話したもので、淡々とした
語り口がより不気味さを増
し、昔話を鮮やかに蘇らせ
ている。英語によるタイト
ルのつづりが『Kwaidan』
なのは出雲弁では「か」を
「くゎ」と発音することから。

### Q 有名な「耳なし芳一」はどんなお話？

**A** 山口県下関に伝わ
る物語で、安徳天皇
や平家一門を祀る赤間ヶ
関阿弥陀寺（現・赤間神宮）
が舞台。物語では、盲目の
琵琶法師・芳一が平家の
怨霊に誘われ、墓所で平家

の悲劇を弾き語る。それを
知った和尚が芳一の体に
般若心経を書いて怨霊か
ら守るのだが、耳だけ経文
を書くのを忘れたために
怨霊にちぎられ持ってい
かれてしまうという怪談だ。

### Q 松江で八雲が好んだスポットは？

**A** 日本の風俗、文化、
伝承などを好み、山
陰の霊的なものにも興味
をもっていた八雲は、通勤
途中にある城山稲荷神社
（☞P57）で、さまざまな表
情をした数百もの石狐を
大変気に入っていたとか。
また、著書『知られぬ日本
の面影』の中で「夢見るごと
き観音や、微笑している地
蔵を見つけることができる」
と記し、十六羅漢で有名な
龍昌寺（MAP P96C3）な
どの寺社も訪れた。

*Lafcadio Hearn*

▶小泉八雲が
好んだといわ
れる城山稲荷
神社（☞P57）
の石狐

## さまざまな小泉八雲ゆかりのスポット

怪談の舞台をはじめ、著書に登場する場所など、小泉八雲に関連した
スポットが松江には数多くある。その中から主なものをご紹介。

### 小泉八雲宿舎跡 ●こいずみやくもしゅくしゃあと

松江に赴任した小泉八雲が一番最初に投宿した富田旅館の跡。八雲は著書で、この宿で迎えた朝の情景を詳しく描写。その中で、「人橋川の下駄の音は、一度聞いたら忘れることができない」と記している。

🚌一畑バス・松江市営バスバス停大橋北詰から徒歩すぐ
🅼🅰🅿P98C5

▶旅館の大橋館の大橋川方面の入口前に解説板がある

### 源助柱記念碑 ●げんすけはしらきねんひ

松江開府の祖・堀尾吉晴が初めてこの川の河口に橋を架けようとした際、土台がなかなか安定せず、洪水もあったりと難儀していた。そこで源助という男を人柱にして川底に埋めたところ、以後は、びくりともしなかったという。八雲はこの伝説を興味深く著書に記している。

🚌一畑バス・ぐるっと松江レイクラインバス停大橋南詰から徒歩すぐ
🅼🅰🅿P96C3

▶松江大橋の南側たもとに源助柱記念碑が立つ

### 月照寺 ●げっしょうじ

松江を代表する怪談スポットの一つ。境内にある大亀の石像は「人食いの大亀」とよばれ、夜になると動き出し、城下で暴れ回り、人を食らったという。困り果てた住職は、大亀に説法を施し、巨大な石碑を背負わせ、この地にしっかりと封じ込めたと伝えられている。

☞P77

▶巨大な石碑を背負い、今にも動き出しそうな大亀

### 大雄寺 ●だいおうじ

大雄寺近くの飴屋に毎夜、白い着物の女が水飴を買いにきた。主人が後をつけると、女は大雄寺の墓地に。墓の下から赤ん坊の泣き声が聞こえ、生きた赤ん坊の横に水飴が。墓の中で出産した女性が亡霊になっても水飴で赤ん坊を育てていたという。これも怪談スポットの一つ。

🚌ぐるっと松江レイクラインバス停清光院下から徒歩6分
🅼🅰🅿P96A3

▶山門をくぐると左側に怪談の舞台の墓地がある

### 耳なし芳一像 ●みみなしほういちぞう

小泉八雲の代表的な作品の一つ「耳なし芳一」(☞P62)がモチーフ。近くに小泉八雲文学碑もある。

🚌ぐるっと松江レイクラインバス停千鳥南公園から徒歩すぐ 🅼🅰🅿P96B3

▼▶右が耳なし芳一像、左は小泉八雲文学碑、ともに宍道湖を望む千鳥南公園内にある

### 普門院 ●ふもんいん

その昔、普門院の近くに、小豆磨ぎ橋とよばれる橋があった。そのたもとでは夜な夜な女の幽霊が小豆を磨いでいたという。この幽霊は、橋の近くで「杜若」という謡曲がうたわれるとたいそう腹を立て、うたった者におそろしい災難が降りかかると伝えられていた。この話は八雲の『知られぬ日本の面影』の中に収められている。

☞P76

▶現在は小豆磨ぎ橋はなくなっている

# 素敵な雑貨、フォトスポットを京店商店街で探しましょう

石畳の通りにレトロな街路灯が立ち、和モダンな雑貨店やフォトスポットなどが並ぶ京店商店街。メインストリート周辺の小路にも立ち寄りましょう。

## きょうみせしょうてんがい
## 京店商店街ってこんなところ

**新旧のショップが軒を連ねる**

享保9年（1724）、松江城主にお輿入れした公家の息女・岩姫のために京の都風の街並みに整備したのが始まり。対岸のカラコロ工房も含め、散歩しながらの買物が楽しみ。

**問合せ**☎0852-26-5610(松江京店商店街協同組合)
**アクセス**一畑バス・ぐるっと松江レイクラインバス停橋下車、またはJR松江駅から一畑バス・松江市営バス県民会館方面行きで6分、大橋北詰下車
**P**京店商店街駐車場2カ所計約90台(有料)
**MAP**P98B4〜5

▶歴史ある老舗から旬のフォトスポットまで、楽しみは多彩

### やまもとしっきてん
### ① 山本漆器店

**八雲塗の漆器がずらり**

地元の伝統工芸・八雲塗を扱う老舗。使い込むほどに漆の透明度が増し、色鮮やかに発色していく。絵付け体験1650円〜（要予約）も。

☎0852-23-2525 **住**松江市末次本町45
**時**10〜19時 **休**無休（工房は日・月曜、祝日）**交**バス停大橋北詰からすぐ **P**京店商店街駐車場利用 **MAP**P98C5

▲落ち着いたたたずまい

▼木製開運塗縁鏡3850円。巾着袋付きで携帯に便利なアイテム

▼縁結びのご利益がある出雲大黒縁結び箸2200円

▲スープカップ合わせ根来1980円、そら豆プレート1980円、木製塗分スプーン（小）715円。ティータイムに活躍してくれそうな一品。セットで揃えるとさらに素敵

### せんちゃそう きょうみせほんてん
### ② 千茶荘 京店本店

**出雲銘茶と茶道具を扱うお茶の専門店**

松江の茶の文化を支える出雲銘茶の名店の一つ。昭和38年（1963）に煎茶に抹茶をブレンドしたゴールド白折を開発したことで知られる。3日前までに予約すればお点前体験も可。

☎0852-24-0703 **住**松江市末次本町74 **時**9時30分〜18時 **休**第1・3日曜 **交**バス停大橋北詰から徒歩1分
**P**京店商店街駐車場利用 **MAP**P98B5

▼手前はゴールド白折100g750円(税抜)、奥は出雲八重椿と出雲の華のモダンギフトセット3769円

▶おいしい煎茶や抹茶の点て方を学ぶことができるお点前体験は1550円

▼松江版画ハガキ1枚300円。松江城、堀川、宍道湖を描いたハガキ

▶松大正初期に作られてた古玩が復刻。松江官と蒸気船各5500円

### ながおかめいさんどう
### ③ 長岡名産堂

**和のテイストに満ちた商品の数々**

山陰の伝統工芸品を中心に扱う店。松江の袖師窯、玉造の湯町窯、出雲の出西窯といった民芸窯の陶器が充実。江戸時代から作り継がれている斐伊川和紙の便箋や封筒も見逃せない。

☎0852-21-0736 **住**松江市末次本町91 **時**10〜17時 **休**日曜 **交**バス停京橋から徒歩2分 **P**京店商店街駐車場利用 **MAP**P98B4

▶ぶらりと立ち寄りひと休みもできる

▶マンモスの大きな足跡のオブジェ!

▶思わずかぶりつきたくなってしまう肉のオブジェ

## カラコロ工房に立ち寄り

幸運のピンクのポストがあることでも知られる、レトロな建物が印象的なカラコロ工房。2024年9月まで改修工事のため休館中なので注意。

**MAP** P98B4

京店商店街で
**フォトスポット巡り**

▶広場内には小泉八雲のレリーフを設置

きょうみせぎゃーとるずひろば
## 京店ギャートルズ広場

松江市出身の漫画家・園山俊二さんの世界を体感できるスポットでユニークな撮影を!

からころひろば
## カラコロ広場

小泉八雲の著書で描かれた、松江大橋を渡る人々の"カラコロ"という足音が広場の名前の由来になっている。

は一とのいしだたみ
## ハートの石畳

紺屋小路にはハートの形が浮き出た石畳が2カ所あり、ハートの上に立つともう片方を最初に踏んだ人と結ばれるといわれている。

は一とのぱわーすと一ん
## ハートのパワーストーン

恋を呼び愛を育むとされるローズクォーツが石畳に埋め込まれたパワースポット。ピンク色の石は触れると幸せになるとか。

からころだいこく
## カラコロ大黒

縁結びの聖地・出雲大社の御神体である大国主大神(別名・だいこくさま)が祀られている。大黒像の前には、当たると評判の恋みくじや絵馬が置かれている。

ここでブレイク!

おだんごとかんみきっさ つきがせ
## お団子と甘味喫茶 月ヶ瀬

お団子とあごだしラーメンが名物。お団子は「仁多米」を100%使用。みたらし・抹茶といった定番のほか、旬のフルーツ餡をのせた季節限定など10〜12種類が店頭に並ぶ。☎0852-21-2497 ⓘ松江市末次本町87 ⏰10〜18時LO 🈡木曜 🚃バス停大橋北詰から徒歩2分 🅿京店商店街駐車場利用 **MAP** P98B4

▶抹茶を自分で点てて楽しめる抹茶セット850円

▶団子やお茶を楽しみながらゆっくり過ごそう

にほんちゃかふぇ すからべべってい
## 日本茶カフェ Scarab別邸

ひと休みに絶好のカフェ。落ち着いた雰囲気の店内には、一枚板の木のカウンター席やソファ席、和室が設けられている。☎090-5707-4821 ⓘ松江市末次本町75 ⏰9〜19時 🈡月曜(祝日の場合は営業) 🚃バス停大橋北詰から徒歩1分 🅿京店商店街駐車場利用 **MAP** P98B5

▶挽きたて抹茶がうれしい盆栽パフェ1650円

▶格子の壁が印象的。ソファ席をはじめ多彩な席を用意

# 水と調和するミュージアム、島根県立美術館でアート鑑賞

宍道湖畔にあり、周辺から眺める夕日が美しいことでも知られています。
"水との調和"をテーマにした美術館で、見ごたえある国内外のアートを堪能しましょう。

▲『宍道湖うさぎ』と一緒に、輝く水面を眺望

**袖師町**

しまねけんりつびじゅつかん

## 島根県立美術館

**ロビーからの眺めもまるで芸術作品**

日本画の橋本明治や西洋絵画のポール・ゴーギャンなど、国内外の水を描いた絵画や写真、工芸品など約6700点を収蔵。収蔵作品はコレクション展として1〜3カ月ごとに展示替えしながら紹介しているほか、年数回の企画展も開催。宍道湖側が全面ガラス張りのロビーは無料開放されている。

☎0852-55-4700 **住**松江市袖師町1-5 **¥**入館無料、コレクション展観覧300円（企画展は別途）**時**10時〜18時30分（3〜9月は日没後30分まで）※展示室への入場は閉館時刻の30分前まで **休**火曜（変更の場合あり）**交**JR松江駅から松江市営バス南循環線内回りで5分、県立美術館下車すぐ **P**230台 **MAP**P96C4

晴れた日には
ロビーから
夕日を望める

▲夕日に染まる美術館ロビー（☞P71）

ではサッそく
見学へ

独特の曲線美が
印象的な建物

▲宍道湖と空に溶け込むよう

### 前から2番目のウサギの秘密

野外にある籔内佐斗司の彫刻作品『宍道湖うさぎ』。緑鮮やかな芝生に12体のウサギのブロンズ像がズラリ。湖岸から2番目のウサギを西を向いてなでると幸せになれるのだとか。

**MAP** P96C4

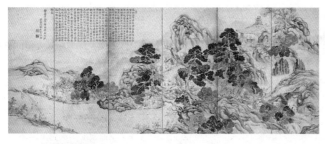

\ まずは注目作品を
鑑賞しましょう /

#### いけのたいが
### 池大雅
#### らんていきょくすいず
## 『蘭亭曲水図』

池大雅は少年時代から書画に才能を発揮し、中国絵画などの表現を学んだ。中国の書家・王羲之が41人の文士と会稽山の蘭亭に会し、曲水に臨んで詩を詠んだ宴の様子を描いている。

#### かわいかんじろう
### 河井寛次郎
#### はくじそうかえへんこ
## 『白地草花絵扁壺』

近代陶芸史を代表する河井寛次郎は安来出身で、民藝運動の創始者の一人としても知られる。釉薬では赤い色を好み、この作品のように型を使い、ロクロではできない力強い造形をなしている。

### クロード・モネ
#### もん
## 『アヴァルの門』

印象派を代表する画家・モネが田舎町に移住し、自然の情景に関心をもつようになったころの作品。故郷に近い北フランスのエトルタの海岸を陽光が照らす様子を素早い筆致で描いている。

\ おしゃれな館内施設も
要チェックです /

湖を一望する
レストラン

▶ プレートランチ
1800円

#### こはんのれすとらん らしぬ
## 湖畔のレストラン RACINE

地元の食材を使ったフレンチを味わえる。一人でも利用できるので一人旅でゆっくり過ごしたい人にもおすすめ。

☎0852-25-6562 ●美術館に準ずる（ランチ11〜15時、カフェ15〜18時、ディナー17時〜18時30分LO）※ディナーは完全予約制 ⑭火曜（祝日の場合は翌日）

▲宍道湖を眺めつつ
ゆったり過ごせる

ウサギのグッズ
がキュート

▶ 観覧券を持っていなくても利用できる

#### みゅーじあむしょっぷ
## ミュージアムショップ

オリジナルグッズから海外のミュージアムグッズまで、多彩な品揃え。なかでも、ウサギをモチーフにした商品が人気になっている。

☎0852-55-4700 ●10時〜18時30分（9〜3月は美術館に準ずる）⑭火曜（祝日の場合は翌日）

野外には『宍道湖うさぎ』のほか、『WAVING FIGURE』や『会話』などの作品が点在しています。

# 宍道湖が見えるカフェで
# 大人の時間を過ごしましょう

目の前に湖が広がるロケーションのよいカフェをご紹介します。
こだわりの空間でしっとり大人のブレイクタイムを楽しみましょう。

ここがステキです
開放感抜群のテラス席が人気。嫁ヶ島も望める絶好のスポット

ここがステキです
大きな窓から見渡せる美しい景観に癒やされる。夜景も美しい

**袖師町**

せいしょうあんたちばな
## 清松庵たちばな

### 宍道湖一望の和カフェ

大きな窓から宍道湖を眺めてくつろげる和カフェ。華やかな和スイーツのほか、職人が手作りする本格的な上生菓子や抹茶を形式にとらわれず気軽に楽しめる。スイーツのやさしい甘さと美しい景色に癒やされる。

☎0852-32-2345 住松江市袖師町11-1 営9時〜17時30分LO 休無休 交松江市営バス松江警察署前から徒歩3分 P10台 MAP P98A2

**乃木福富町**

うどん だいにんぐ かふぇ あなぞう
## udon dining cafe 安菜蔵

### 丘の上のダイニングカフェ

宍道湖や松江市街地を望む丘の上にある店。自家製麺のうどん、そば（ディナーのみ）や、手作りスイーツを味わえる。こだわりの食材を使用したやさしい味わいの料理と美しい景色を楽しみつつ、くつろぎの時間を。

☎0852-67-2290 住松江市乃木福富町731-80 営ランチ11〜15時,カフェ14時〜15時30分LO,ディナー金〜日曜17時30分〜20時30分LO（変更の場合あり）休火曜、月〜木曜のディナー、ほか不定休 交JR松江駅から車で15分 P50台 MAP P98A3

▲抹茶パフェ 935円は風味豊かな抹茶スイーツを贅沢に盛り付け。旬のフルーツもたっぷり

▲クリームあんみつ 935円。軽やかな甘さの餡とフルーツは相性抜群。もちもちの寒天が食感のアクセント

◀天然えび天ぶっかけうどん1090円。天然の大えび天のほか数種類の天ぷらと一緒に楽しめる

▶いちごパフェ1600円（変更の場合あり）。島根県産いちごを使用！手作りソースやアイスなどがのったパフェ

**宍道湖のすぐそばで カフェタイムを**

宍道湖夕日スポット近くにたたずむ喫茶店「あらびかコーヒー」では、厳選したアラビカ種の豆を自家焙煎しているため、まろやかで香り高いあらびかブレンド583円を楽しめます。
☎0852-26-6365 **MAP** P98A2

ここがステキです
テーブル席でゆったり、のんびり景色を眺めながら過ごせる

ここがステキです
全面ガラス張りで、店内どの席からも大満足のレイクビュー

---

佐田町
こーひーかん こほくてん
# 珈琲館 湖北店

### レンガ造りのレトロなカフェ

宍道湖のほとりにある喫茶店。絶景を眺めながらくつろぎの時間が過ごせる。自家焙煎コーヒーをはじめ、職人が作るケーキや軽食、デザートなどメニューは多彩。自家製パンの朝食も人気。
☎0852-36-8968 **住**松江市浜田町1044-1 **⊕**9〜17時(土・日曜〜19時) **交**一畑電車松江しんじ湖温泉駅から車で4分 **P**21台
**MAP** P98A1

---

玉湯町
かふぇ こねくと.
# cafe CONNECT.

### 結婚式場にある絶景カフェ

結婚式場の敷地内にあるカフェ。宍道湖に面しており、ブランコや桟橋などのフォトスポットも点在する。店内からも宍道湖を楽しめるが、風を感じるテラス席もおすすめ。
☎080-1918-1739 **住**松江市玉湯町布志名431-1 **⊕**11時30分〜17時(16時LO、ランチは14時LO)※夜は要予約 **休**火曜 **交**JR松江駅から一畑バス玉造温泉行きで16分、布志名下車、徒歩8分 **P**35台
**MAP** P98A3

---

▼珈琲館ブレンド520円。時間をかけて抽出したコク深い味わいが特徴

▲クラブハウスサンド 950円。自家製ローストチキンとベーコンエッグのサンド

▲キャラメルラテ580円。食後やカフェタイムにケーキやプリンなどのスイーツと一緒に味わいたい

◀コネクトランチ1350円。日替わりのランチプレート。ライスかパンが選べる

---

# 夕日の美しさに感動します。
# 宍道湖のサンセットビューポイントへ

大空と湖面を茜色に染め上げ、あたりをドラマチックに変貌させる宍道湖の夕日。
人気の絶景スポットで、自然が織り成す夕刻のショーを堪能しましょう。

**A** 嫁ヶ島のシルエットが美しい
一番人気の夕日観賞スポット

刻々と変化する景色。
息をのむほどステキ

アートと夕日の
素敵な
コラボレーション

**B**

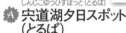

**C**

夕日に浮かぶ
松のシルエットが叙情的

## A しんじこゆうひすぽっと(とるぱ)
### 宍道湖夕日スポット (とるぱ)

嫁ヶ島を眼前に眺める絶景ポイントに整備。ここから、北側にある袖師地蔵あたりまでの一帯は「宍道湖夕日スポット(とるぱ)」とよばれ、季節による夕日の沈む方向や時間の解説板も設けられている。

🏠松江市袖師町 🕐❌入場自由 🚋ぐるっと松江レイクラインバス停夕日公園前からすぐ Ⓟ北側10台、南側21台 🗺️P98A2

## B きしこうえん
### 岸公園

島根県立美術館に隣接し、なだらかな緑の芝生が広がる親水公園。園内には『宍道湖うさぎ』など個性的なアート作品が展示されており、夕日を浴びると幻想的な雰囲気に。

🏠松江市袖師町4 🕐❌入園自由 🚋JR松江駅から松江市営バス南循環線内回りで5分、県立美術館下車、徒歩1分 Ⓟ7台(工事のため2024年3月末まで利用不可) 🗺️P96C4

## C しらかたこうえん
### 白潟公園

宍道湖大橋の南側にあり、松の木をシルエットに夕日が沈む和風情緒あふれる風景が広がる。ドラマのロケ地などにも利用される場所だ。夕日観賞は10〜11月ごろがベスト。

🏠松江市灘町233-1 🕐❌入園自由 🚋JR松江駅から松江市営バス北循環線外回りで5分、宍道湖大橋南詰下車すぐ Ⓟ11台 🗺️P96C4

オレンジ色に染まる街と
湖面が美しい

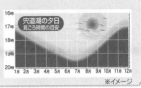
宍道湖の夕日
見ごろ時間の目安
※イメージ

夕日の美しい冬期は
ここからがいいね

P66島根県立
美術館をチェック

エントランスロビーから
暮れなずむ夕景を

夕日に輝く湖を
クルーズで楽しむ

---

しんじこおおはし
## D 宍道湖大橋

大橋川の河口に架かる道路橋。橋の上の歩道は広く整備され、ゆっくりと夕日を眺めることができる。展望スペースは2つあり、遮るものがない宍道湖の夕日は一見の価値あり。

住松江市東茶町～灘町　時見学自由　交JR松江駅から松江市営バス北線外回りで5分、宍道湖大橋南詰下車、徒歩すぐ　Pなし　MAP P96C3

しんじこかんこうゆうらんせんはくちょうごう
## E 宍道湖観光遊覧船 はくちょう号

大橋川から発着する観光遊覧船。所要約1時間のサンセットクルーズ（最終便）が人気だ。

☎0852-24-3218（白鳥観光）　住松江市東朝日町150-7　¥乗船1800円　時出航9時30分～、1日6～7便（最終便は夕日の時刻に合わせて出航）　休無休（12～2月は土・日曜、祝日のみ運航）　交JR松江駅北口から第1乗船場まで徒歩15分、第2乗船場（要予約）まで徒歩5分　P30台（第1乗船場）　MAP P97D3・E3

一畑口駅へ
431
一畑電車
北松江線
出雲大社へ
松江市
国宝松江城
P.56
P.82
松江しんじ湖温泉
宍道湖大橋 D
白潟公園 C
岸公園 B
島根県立美術館 E
P.66
宍道湖観光
遊覧船
はくちょう号
宍道湖
天神川
松江駅
9
JR山陰本線
玉造温泉駅へ
N
宍道湖夕日スポット
（とるぱ）
500m
玉造温泉へ

---

📖 島根県立美術館のロビーは日没後30分まで無料で開放。よりクリアな夕日が期待できる冬期はロビーから観賞するのもおすすめです。

# 宍道湖と日本海でとれた
# 旬のごちそうを召し上がれ

宍道湖七珍という湖でとれた魚介や日本海の新鮮な海の幸がおいしい松江。
伝統の中にも斬新なアイデアを取り入れた旬の魚介料理をいただきましょう。

松江駅周辺

にほんりょうり まつえ わらく
## 日本料理
## 松江 和らく

**選りすぐりの旬の魚を
目にも美しい日本料理で**

店内に生簀があり、旬の魚がおいしさをそのままに極上の一品となって供される。宍道湖七珍を使った膳やコースもある。

☎0852-21-0029 🏠松江市御手船場町565 🕐11時30分〜14時LO、17時30分〜22時LO 休無休 🚃JR松江駅北口から徒歩3分 🅿8台 MAP P97D3

▲かに華かご膳（ランチ予約限定）4620円は境港産紅ズワイガニ、かに天婦羅、かに寿司など、山陰のカニがたっぷり

こちらも
おすすめ

▶せいろ蒸しが付く「宍道湖七珍せいろ膳」4180円（ランチ限定）

◀駅の近くに位置しアクセスに便利▼生簀を囲むカウンター席や半個室の席もある

**松江物語 月**
**8250円**

宍道湖七珍八寸、特製紅ずわい甲羅焼き、島根和牛陶板焼き、どじょう柳川鍋など盛りだくさんの内容。

---

しんじ こしっちん
**《宍道湖七珍とは？》**

宍道湖は淡水と海水が混じり合う汽水湖。魚介類も豊富に生息し、宍道湖を代表する7つの魚介は宍道湖七珍とよばれている。

一
**スズキ**
旬◆11〜1月
ほうしょやき
白身の魚で奉書焼で食べることが多い

二
**モロゲエビ**
旬◆9〜10月
体長10cmほどのエビで唐揚げや塩焼に

三
**ウナギ**
旬◆6〜8月
宍道湖産ウナギは肉厚で身が締まっている

日本海の味覚
ノドグロを味わう

ノドグロとは見事に脂がのった"白身魚のトロ"とも称される魚で、正式名称はアカムツ。刺身はもちろん、焼いても煮ても美味です。年間を通しておいしい魚ですが、特に脂がのった秋のノドグロはおすすめです。

---

京店商店街周辺
やまいち
## やまいち

**天然ものの魚介に加え、大粒のシジミ汁も絶品**

日本海の旬の魚や、宍道湖産のヤマトシジミなど、地の物がシンプルに調理されており、素材のうまみを味わえる。シジミ汁550円など、滋味豊かな料理が人気。

☎0852-23-0223 🏠松江市東本町4-71 ⏰16時30分～21時30分(日曜、祝日は～21時) 🈯不定休 🚃JR松江駅北口から徒歩10分 🅿5台 **MAP**P97D3

**アマダイの唐揚げ
定食1760円**

日本海の冬の味覚の一つ。外側はパリッと香ばしい。

---

京店商店街
かわきょう
## 川京

**工夫を凝らした宍道湖七珍料理**

地酒が豊富に揃う郷土料理店。シジミをダシで煮てとろみを付けたおたすけシジミ1419円など、独創的な七珍料理を味わえる。ウナギの料理も評判。

☎0852-22-1312 🏠松江市末次本町65 ⏰18時～20時30分最終入店 🈯日・月曜 🚌一畑バス・松江市営バスバス停大橋北詰から徒歩2分 🅿なし **MAP**P98C5

**スズキの奉書焼
2409円**

奉書紙でスズキを包み、蒸し焼きにした郷土料理。

---

四
## アマサギ
旬◆1～3月

ワカサギのこと。最近は数が激減し希少

五
## シジミ
旬◆通年

宍道湖魚介を代表する存在。通年食べられる

六
## コイ
旬◆12～2月

細く切った身を腹子とあえる糸造りが有名

七
## シラウオ
旬◆2～3月

生のまま酢みそで食べるか天ぷらに

---

📖 小舟に乗りこみカゴ状の道具を使うシジミ漁の光景は、朝の宍道湖(宍道湖大橋付近 **MAP** P96C3)で見られることもあります。

73

# 名店揃いの松江でいただく
# 山陰名物"出雲そば"

旧出雲地方名物の出雲そばは、松江に名店が多く集まっています。
そば本来の甘い香りを楽しみながら、ツユをかけていただきましょう。

---

**松江城周辺**

ちゅうごくさんちそばこうぼうふなつ
## 中国山地蕎麦工房ふなつ

### 素材から作り方までこだわったそば

店内は古民家風で落ち着いた雰囲気。ここでは奥出雲産の玄そばを低温貯蔵後、外皮（甘皮）ごと石臼で自家製粉したそば粉を使用。つなぎを入れずに手打ちする。割子そばのほか、いずも風かまあげそば850円も名物。そばの揚げ餅、そばぜんざいはすべてのそばメニューに付く。

☎0852-22-2361　🏠松江市外中原町117-6　🕐11時～14時30分（売り切れ次第閉店）　🈺月曜　🚌ぐるっと松江レイクラインバス停四十間堀川からすぐ　🅿7台　**MAP** P96B2

▲割子そばに付くそばの揚げ餅

▲民芸調のインテリアが落ち着く

地元産で旬の素材にこだわっています。

店主の槻谷さん

こちらもおすすめ！

**割子そば1人前
（3枚）870円**
太めのそばはコシがあり、噛むほどに味わいを増す。

---

**割子そば（3枚）
990円**
薬味のネギ、海苔、カツオ節を散らし、ツユを上からかけて味わう。

こちらもおすすめ！

▲山かけそば
1250円

▲小泉八雲記念館の近くにある

**塩見縄手周辺**

かみよそば
## 神代そば

### 甘皮まで挽きこんだ十割そば

石臼で自家製粉し、その日の湿度に合わせて水分を調節し打ち上げるそばは、地元産のそば粉を中心に使用。まろやかな味わいのツユは、カツオ節と出雲独特の調味酒・古式地伝酒で仕上げている。

☎0852-21-4866　🏠松江市奥谷町324-5　🕐11～14時（売り切れ次第閉店）　🈺水曜（祝日の場合は不定休）、ほか月1回不定休　🚌ぐるっと松江レイクラインバス停小泉八雲記念館前から徒歩1分　🅿8台　**MAP** P96B1

ツユを上からかける
**割子そばの食べ方**

1段目のそばにツユをかけ、食べ終えたら残ったツユを2段目にかけ、3段目も同様に上からかけていただきます。空いた器は一番下に重ねましょう。ツユの濃さは店によって異なるので好みに合わせて加減しよう。

**割子そば（3枚）780円**
海苔、ネギ、カツオ節、大根おろしが松江地方の一般的な薬味。

こちらも
おすすめ！

▲釜揚げそば680円

▲一見ふつうの民家のような隠れた名店

塩見縄手周辺
そばおかもと
## そば岡本

### 素朴な空間で伝統的な出雲そばを

メニューは割子そば、釜揚げそば、ざるそば、山かけそばの4種類のみ。割子はしっかりとしたコシがあり、カツオダシが中心のやや辛めのツユによく合う。

☎0852-22-1566 住松江市北堀町142-1 ⏰11時〜14時30分LO 休月曜（祝日の場合は翌日）交ぐるっと松江レイクラインバス停塩見縄手から徒歩3分 P3台 MAP P96C1

**割子そば（3枚）**
挽きぐるみ930円、丸抜き1020円
挽きぐるみは香りが強く、丸抜きは上品であっさりとした風味。

こちらも
おすすめ！

▲そばがき700円

▲テーブル席と小上がりがある店内

塩見縄手周辺
いずもそばきがる
## 出雲そばきがる

### 2種類のそばから好みをチョイス

甘皮ごと挽き込んだ出雲地方に伝わる独特の「挽きぐるみ」と、甘皮をむいて挽いたそば粉による「丸抜き」の2種類のそばを用意。コシと香りを存分に楽しめる。

☎0852-21-3642 住松江市石橋町400-1 ⏰11〜15時LO（日曜、祝日は〜16時30分LO）、木〜土曜17時〜19時30分LO、火曜（祝日の場合は要問合せ）、ほか月〜2回不定休 交ぐるっと松江レイクラインバス停塩見縄手から徒歩7分 P8台 MAP P96C1

京店商店街周辺
うえだそばてん
## 上田そば店

### 明治40年（1907）創業の老舗

そばの実からツユまで島根県産の素材を使用して作るそばは、地元はもちろん近郊各地にもファンが多い。釜あげと割子2枚のセット1150円もおすすめ。

☎0852-21-3815 住松江市西茶町52 ⏰11〜15時 休不定休 交ぐるっと松江レイクラインバス停須衛都久神社前からすぐ P3台 MAP P98A5

▲テーブル席のほか座敷席もある

**割子そば（3枚）810円**
コシのある麺は、やや辛めのツユとの相性もいい。

こちらも
おすすめ！

▲釜あげそば700円

📖 松江・出雲地方独特なのが釜揚げそば。ゆで上げたそばにとろみのあるそば湯をかけたもので、そば本来のうま味が味わえます。

# 不昧公好みの茶室を眺めて
# ほっこりと一服はいかが？

不昧公とよばれた松江藩松平家第7代藩主・治郷が広めた茶の湯の文化が残る松江。
美しい庭園を眺める茶室を訪れ、抹茶と和菓子で心を潤しましょう。

**塩見縄手周辺**

ふもんいん
## 普門院

### 丸窓から庭を愛でる
### 風流な茶室

約400年前、松江城が築城され城下町を造成したときに開創された寺院。境内の観月庵は、享和元年（1801）に建造された茶室を修復したもの（外からのみ見学可）。不昧公は茶室内の二畳本席の丸窓から、東の嵩山に上る月を眺め、茶事を楽しんだという。抹茶は院内にある書院でいただこう。

☎0852-21-1095 住松江市北田町27 ￥拝観300円 営8〜16時(1・2月は要予約) 休火曜(祝日の場合は開席) 交ぐるっと松江レイクラインバス停塩見縄手から徒歩8分 P5台
MAP P96C1

抹茶600円（拝観料別途）
抹茶の味わいをさらに深める季節の和菓子が添えられる。

こちらで一服

1 庭園の奥にたたずむ不昧公ゆかりの茶室・観月庵 2 街の中とは思えない静寂な場所 3 金〜日曜限定で「宍道湖産しじみ汁＋島根米おにぎりセット」1000円（拝観料込み）も提供している

〉 普門院で風流な茶室とお茶を楽しみましょう 〈

松江城の鬼門を守り続ける歴史ある寺。まずは本堂を参拝しよう。

池の奥に立つ観月庵は外から茶室の内部のみ見られる。丸窓をチェック。

座敷に上がって和菓子をひと口。やさしい甘さに疲れも忘れる。

庭園の草花を眺めながら抹茶を一服。何もしない時間を楽しんで。

## 不昧公好みとは？

松江藩松平家第7代藩主の治郷は、不昧公として親しまれた茶人大名。治郷が好んだ茶器や銘菓は不昧公好みとされ、普門院の観月庵のように月と庭を望む茶室を好んだとか。

---

外中原町
げっしょうじ
# 月照寺

## 庭園を眺め四季折々の花を愛でる

歴代藩主の廟が並ぶ松江藩松平家の菩提寺で「アジサイ寺」としても有名な古刹。殿様が座るお成りの間もある書院「高真殿（こうしんでん）」では、境内に湧く名水で点てた抹茶を、日本庭園を眺めつつ味わえる。

☎0852-21-6056 住松江市外中原町179 ¥入場500円 ◎10〜16時（6月は8時30分〜17時30分）※入場は閉館の30分前まで 休無休 交ぐるっと松江レイクラインバス停月照寺前からすぐ ℗30台 MAP P96A2

こちらで一服

**抹茶500円**（入場料別途）
和菓子は風流堂（本店 ☞P40）の「路芝（みちしば）」をいただける。

①庭園を前に季節の移ろいを実感できる
②緑豊かな境内には不昧公の廟もある

---

**抹茶410円**（入場料別途）
抹茶に添えられる和菓子は「若草」と「菜種の里」（☞P78）。

①不昧公が建てた茶室（外からのみ見学可）
②茶室までは階段が続く

こちらで一服

塩見縄手周辺
めいめいあん
# 明々庵

## 不昧公好みの茶室を眺めて優雅な時を

安永8年（1779）の建造で、昭和41年（1966）に、松江城天守を望めるこの地に移築された茶室は茅葺きの入母屋造。抹茶は敷地内の「百草亭（ひゃくそうてい）」で茶室を眺めながらいただける。

☎0852-21-9863 住松江市北堀町278 ¥入場410円 ◎8時30分〜18時30分（茶席は9時50分〜16時30分）、季節によって変動あり 休無休 交ぐるっと松江レイクラインバス停塩見縄手から徒歩3分 ℗5台 MAP P96C1

---

松江駅周辺
なかむらちゃほ
# 中村茶舗

## 本格的な老舗の抹茶を街の中でいただく

明治17年（1884）、宇治の中村藤吉本店の分家として創業した老舗茶舗。各種銘茶の販売に加え、予約をすれば抹茶の工場見学が無料でできるほか、本格的な茶室「松吟庵（しょうぎんあん）」で抹茶体験（1週間前まで要予約）ができる。

☎0852-24-0002 住松江市天神町6 ◎9〜17時 休1月1〜4日 交JR松江駅北口から徒歩10分 ℗10台 MAP P96C3

こちらで一服

**抹茶体験1650円**
抹茶に合う和菓子は自分好みの銘菓を持ち込んでも可。

①店の奥にある茶室「松吟庵」②天神町商店街にありお茶や茶道具も販売

明々庵には、松江城の天守を見渡す城見台があり、空に浮かぶような美しいロケーションを一望できます。

# 江戸時代からの伝統を受け継ぐ
# 松江の銘菓をいただきます

松江には不昧公が広めた茶の湯の文化が今なお息づいています。
お茶とともに愛されてきた伝統を受け継ぐ和菓子をご紹介しましょう。

**若草 6個1326円**

求肥に薄緑色の寒梅粉をまぶした
和菓子。弾力があり上品な甘さ。

**山川 1枚1058円**

赤は紅葉、白は川のせせらぎを表現。
しっとりとした口あたりの落雁。

**菜種の里 1枚972円**

春の菜の花畑を蝶が飛び交うさまを
表現。黄色が目にも鮮やか。

**彩紋 1袋540円**

スティックタイプの斬新な和菓子。紫
は白ごま、黄色はユズの風味。

**元祖朝汐 4個1080円**

2代目店主が考案。小豆の皮むき餡を
つくね芋入りの皮で蒸し上げた饅頭。

**日の出前 1本1836円**

陶芸家・河井寛次郎による命名。しの
のめづくりという製法で作っている。

---

**松江駅周辺**

さいうんどうほんてん
## 彩雲堂本店

**地元を代表する老舗和菓子店**

明治7年（1874）創業。本店には職人
の手仕事が見えるブースを併設し、茶寮
メニューが楽しめる。彩雲堂の銘菓を集
めたプレートが人気。

☎0852-21-2727　住
松江市天神町124　営9
～18時　休不定休　交JR
松江駅北口から徒歩7分
P6台　MAP P96C4

**松江駅周辺**

ふうりゅうどう ほんてん
## 風流堂 本店

**伝統の中に遊び心も**

創業明治23年（1890）。不昧公好み
で日本三大名菓の一つ「山川」を復刻
したことで知られる名店。季節の和菓
子も多い。

☎0852-21-3241　住松江
市寺町151　営9～18時　休
第1日曜　交JR松江駅北
口から徒歩7分　P3台

MAP P96C3

**松江駅周辺**

さんえいどう てらまちほんてん
## 三英堂 寺町本店

**独創性があり格調高い菓子**

昭和4年（1929）の創業以来、松江
の銘菓を作り続ける。陶芸家の河井
寛次郎が好んだ店としても知られ、華
やかな和菓子が多い。

☎0852-31-0122　住松
江市寺町47　営8時30分
～17時30分　休不定休
交JR松江駅北口から徒歩
7分　P4台　MAP P96C3

**不昧公好みの伝統を伝える**

松江の老舗和菓子店には、江戸時代後期の和菓子レシピである菓子方書や木型などが残っており不昧公の時代の伝統が受け継がれています。写真は一力堂の姫小袖の木型。

**薄小倉 6個950円**

蜜漬けした大納言小豆に錦玉を流し込み乾燥。定番人気の逸品。

**姫小袖 6個箱入1210円**

上品であっさりとした皮むき餡と和三盆糖で作った打菓子。

**柚餅子 15個1836円**

ユズの風味がさわやか。もっちりとした食感だが、さらりと口溶けがいい。

**出雲三昧 6個950円**

小豆を挽いて粉にした諸越粉の落雁、粒入り羊羹、求肥の3段重ね。

**錦小倉 半棹箱入1491円**

備中産の小豆から作った小倉羊羹をカステラ生地ではさんだ菓子。

**出雲 10個1242円**

大粒大納言小豆を蜜漬けにして寒天で固めた一品。小豆の食感が美味。

---

松江駅周辺
けいげつどう てんじんまちほんてん
## 桂月堂 天神町本店

### 独自製法のオリジナル商品も

文化6年（1809）創業。伝統的な和菓子のほか「出雲三昧」などオリジナル商品も揃っている。季節限定商品にも注目したい。

☎0852-21-2622 住松江市天神町97 🕘9〜18時 休不定休 交JR松江駅北口から徒歩8分 ℗4台
MAP P96C4

---

京店商店街
いちりきどう きょうみせほんてん
## 一力堂 京店本店

### 江戸期以来の伝統を守り続ける

宝暦年間（1751〜1764）創業。江戸時代には歴代藩主の御用を務めた和菓子店。

☎0852-28-5300 住松江市末次本町53 🕘10時30分〜17時30分 休木・日曜 交一畑バス・松江市営バスバス停大橋北詰から徒歩1分 ℗1台 MAP P98C5

---

松江しんじ湖温泉周辺
ふくだや ほんてん
## 福田屋 本店

### 後味さわやかな柚餅子

大正2年（1913）創業。契約栽培した天然ユズのみを使用し、じっくり練り上げた「柚餅子」で有名。

☎0852-27-4888 住松江市中原町159 🕘9〜18時 休無休 交ぐるっと松江レイクラインバス停松江しんじ湖温泉駅から徒歩3分 ℗2台 MAP P96B3

---

📖 寺町周辺にある老舗和菓子店で好みの和菓子を購入して中村茶舗（☞P77）に持ち込むと、抹茶とセットで味わうことができます。

# 銘菓からスイーツ、和雑貨まで かわいい見た目の松江みやげ

松江には地元っ子に評判のスイーツや、かわいい雑貨がたくさん。
乙女心をくすぐるスイーツや雑貨を買って、自分へのご褒美にしましょう。

島根みやげの大定番

### どじょう掬いまんじゅう 12個入り 1296円

島根県発祥のどじょうすくいをイメージしたまんじゅう❶

飽きのこない優しい味わい

### オレンジシフォン 5個入り1026円など

泡立てた新鮮な卵と、厳選したネーブルオレンジのピューレを合わせ、ふっくらと焼き上げている❶

好みの味を見つけよう

### オリジナル かりんとう・せんべい 抹茶かりんとう400円、のどぐろせんべい430円など

小泉八雲の怪談シリーズや国宝松江城、松江城下絵図などが描かれた種類豊富な袋入り❸

## 地元で評判のスイーツをお持ち帰りしましょう

抹茶好きは要チェック

### 抹茶フォンデュ 2500円

地元の老舗・中村茶舗が厳選する抹茶の苦みと濃厚なブリュレがマッチ❶

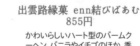

ハートの縁結びスイーツ

### 出雲路縁菓 enn結びばあむ 855円

かわいらしいハート型のバームクーヘン。バニラやイチゴのほか、季節限定の味も登場する❸

もちもちとやわらかい

### へるんだんご 1箱9串入り750円

島根県産もち米を100%使用し、杵つきで仕上げ。地元の茶を練り込み、きな粉をまぶしている❸

---

松江駅
しゃみねまつえ
### ❶ シャミネ松江

カフェやみやげ店が並び、移動前の立ち寄りに便利。人気のみやげが揃うのでここでまとめ買いもおすすめ。
☎0852-43-6520 住松江市朝日町伊勢宮472-2 営9〜20時（みやげゾーンは〜19時30分）休不定休 交JR松江駅直結 P75台 MAP P97D3

京店商店街周辺
ぱてぃすりー・きゅいーる
### ❷ パティスリー・キュイール

京店商店街のすぐそばにあり、京橋川に面した洋菓子店。繊細な技術で作られたケーキや焼き菓子を製造・販売する。
☎0852-28-6446 住松江市片原町107 営10〜19時 休火曜（祝日の場合は翌日）交一畑バス・ぐるっと松江レイクラインバス停京橋から徒歩3分 P6台 MAP P98A4

塩見縄手
ぐら へるん
### ❸ grá Herun

おみやげと和のスイーツの店。多彩なみやげを揃え、ほうじ茶ソフトやだんご、松江銘菓のイートインも可。
☎0852-21-4033 住松江市北堀町321 営9時30分〜16時30分 休無休 交ぐるっと松江レイクラインバス停小泉八雲記念館前から徒歩1分 Pなし MAP P96B1

**勾玉やめのうの工芸品を製作・販売**

松江を代表する勾玉やめのうの工芸品の老舗の一つが「野津めのう店本店」。店内には高級品から手軽な小物までさまざまな商品が並ぶ。うさぎがモチーフのものも多い。

☎0852-21-4779 **MAP** P98B4

> 青めのうのパワー！

> 珍しい和紙のてまり

**オリジナルマスキングテープ（5種）**
1個385円

松江ならではの雑貨みやげ

島根県立美術館の宍道湖うさぎをモチーフにしたマスキングテープ❹

**お守りだるまちゃん**
1個580円

古くから身を守るといわれる青めのうを練り込んだパワーだるま。ひとつひとつ表情が違う❺

**松江和紙てまり**
直径5cm 2200円

出雲民芸紙でちぎり絵を施した、ほかでは見られないてまり。季節の花をあしらっている❻

⟫⟫ 思わず顔がほころぶかわいい雑貨をおみやげに ⟪⟪

> つぶらな瞳から涙がほろり

> 和紙のシックな名刺

> 毎日身に付けたい

**幸運うさぎ**
各1200円

ローズクォーツと水晶の2種類。キュートなウサギのお守り❹

**へなちょこくまくま**
600円

枝でできた手足にビーズの涙と、味わいのある人形。布や表情が違うので、まさにオンリーワン❺

**出雲名刺**
2420円

出雲は古くから手漉き和紙の産地。この名刺は三椏を使ったやわらかな風合いが魅力❻

---

**袖師町**
しまねけんりつびじゅつかん
みゅーじあむしょっぷ

❹ **島根県立美術館ミュージアムショップ**

島根県立美術館内にある。ポストカードや図録などのアートグッズはもちろん、美術館オリジナルのレターセットやクリアファイルなども販売している。
☞P67

---

**塩見縄手周辺**
すぺーすほりほり

❺ **スペース濠々**

地元作家の作品をはじめ、ぬくもりのある陶器や多彩な雑貨がセレクトされている。
☎090-7134-4872 ⌂松江市北堀町305（武家屋敷横）⏰10時30分〜17時 休水・日曜 ⊗ぐるっと松江レイクラインバス塩見縄手からすぐ Ｐなし **MAP** P96C1

---

**松江城周辺**
しまねけんぶっさんかんこうかん

❻ **島根県物産観光館**

伝統工芸品からお茶、お菓子など島根の特産品が豊富に揃う。歴史ある窯元から若手作家まで、陶器も多数。
☎0852-22-5758 ⌂松江市殿町191 ⏰9〜18時 休無休 ⊗ぐるっと松江レイクラインバス停大手前堀川遊覧船乗場・歴史館前からすぐ Ｐ33台 **MAP** P96C2

📖 パティスリー・キュイールは2階にカフェスペースがあり、イートインでケーキなどを楽しめる

# レイクビューが評判！
# 松江しんじ湖温泉の佳宿

松江中心部からほど近く、宍道湖畔から大橋川河口にかけて続く温泉。
朝夕それぞれに美しい表情を見せる、宍道湖を眺めてくつろぎましょう。

## ＋ まつえしんじこおんせん
# 松江しんじ湖温泉
## ってこんなところ

### 宍道湖の眺望を楽しめる温泉地

宍道湖の北東岸にある温泉。地下1250mから
湧き出す塩化物泉の湯は源泉77℃と高温なう
えに湯量が豊富。湖畔に点在する湯宿のなかに
はレイクビューの客室や湯船があるのも魅力。

(問合せ) ☎0852-27-5843(松江観光協会)
☎0852-21-7889(松江しんじ湖温泉組合)
(アクセス) JR松江駅から一畑バス松江しんじ湖温泉行きで
大橋北詰まで5分、終点まで15分。またはJR
松江駅から松江市営バス北循環線外回りで
千鳥町まで19分、福祉センター前まで20分
(MAP) P96A〜C3・P98A〜C5

▲宍道湖の北東岸にたたずむ眺めのよい温泉街

◀松江しんじ湖温泉駅前には
無料で利用できる足湯がある

> ここから宍道湖ビュー
>
> 4階と5階の「水と雲の抄」はすべ
> ての客室に露天または展望風呂
> が付く。輝く宍道湖を眺めながら
> 入浴できる。

## なにわいっすい
# なにわ一水

### デザイン性と癒しを追求した
### 話題の客室でゆるりと過ごそう

すべての客室が宍道湖に面した贅沢な宿。
全23室のうち20室は、松江しんじ湖温泉
が給湯されている露天または展望風呂付
きの客室。快適さと非日常空間を兼ね備え
た魅力的なバリアフリー・ユニバーサルデ
ザインの客室もある。直営のSPAルーム
があり、島根県産オーガニック植物の浸出
油を使用したトリートメントが人気。

☎0852-21-4132 (住)松江市千鳥町63 (交)バス
停福祉センター前から徒歩2分 (P)35台 ●全23室
(うち露天または展望風呂付き客室20) ●内湯2露
天2貸切なし (MAP)P96A3

1 客室は異なるデザインがし
てある 2 館内にある
「SPA-雫-」 3 しまね和
牛や日本海の幸などを
楽しめる料理の一例

┌─────────── CHECK ───────────┐
│ 1泊2食付料金 │
│ *平日 2万950円〜 *休前日2万3250円〜 │
│ 時間 │
│ *IN16時、OUT10時 *露天または展望風 │
│ 呂付客室はIN15時、OUT11時 │
└────────────────────────────┘

大橋川と宍道湖を
一緒に望む「大橋館」へ

明治12年（1879）創業、小泉八雲ゆかりの宿。和風情緒あふれる全20室のうち15室からは宍道湖を眺望でき、宍道湖を一望できる展望温泉風呂付きツインルーム（写真）が人気。
☎0852-21-5168　MAP P98C5

## 夕景湖畔すいてんかく
ゆうけいこはんすいてんかく

### 宍道湖の眺望を楽しめる
### 温もりに満ちた客室も設置

客室や日本庭園から宍道湖を眺める絶好のロケーション。話題の「和らぎツイン」は、客室備品に島根の木工芸家の作品を使用するなど、やすらぎの空間を演出。風呂は、展望貸切露天（有料）もある。

☎0852-21-4910　住松江市千鳥町39　交バス停千鳥町から徒歩すぐ　P80台　●全50室（和室30、和洋室10、ツイン10）●内湯2露天2貸切1
MAP P96A3

▲グレードアップした露天風呂付客室もある

**ここから宍道湖ビュー**
「和らぎツイン」には宍道湖を眺めるためにバルコニーを設置。ベッドや椅子からも雄大な眺めが。

### CHECK
**1泊2食付料金**
＊平日　1万5980円～
＊休前日1万7980円～
**時間**
＊IN16時、OUT10時

## 松平閣
しょうへいかく

### 美しい庭園を見下ろす
### 和風情緒あふれる客室

客室数13だからこそできる行き届いたサービスが評判の宿。純和風の客室は岩風呂を備えた特別室や、縁側から庭園に出られる離れなどさまざま。また、その日仕入れた食材を見てから献立を決めるという夕食も楽しみ。

☎0852-23-8000　住松江市千鳥町38　交バス停千鳥町からすぐ　P10台　●全13室（和室13）●内湯2露天1貸切なし　MAP P96B3

▲すべて客室は和室。岩露天風呂付き特別室なども用意

**ここから宍道湖ビュー**
庭園越しに宍道湖を望む2階の客室。広々とした和風の客室でリラックス

### CHECK
**1泊2食付料金**
＊平日　1万7200円～
＊休前日1万8300円～
**時間**
＊IN16時、OUT10時

**ここから宍道湖ビュー**
モダンなインテリアを配した和洋室。リビングからの眺望は映画のワンシーンのよう。展望温泉風呂付きだ。

### CHECK
**1泊2食付料金**
＊平日　3万1500円～
＊休前日3万6340円～
**時間**
＊IN14時、OUT11時
※2階のみIN15時、OUT11時

▲和と洋が融合したモダン客室は1泊2食付き3万2710円～

## 松江宍道湖畔文人ゆかりの宿皆美館
まつえしんじこはんぶんじんゆかりのやど みなみかん

### 明治21年（1888）創業の風格ある宿で
### ワンランク上の過ごし方を

古きよき風情を残しつつ、プライベート感を重視した「和のオーベルジュ」。温泉檜風呂付きの和洋室を完備。

☎0852-21-5131　住松江市末次本町14　交バス停大橋北詰から徒歩3分　P20台　●全16室（和室2、和洋室11、洋室3）●共用温泉浴場あり
MAP P98B5

# 乙女の願いを叶えてください。
# 八重垣神社で縁占い

参拝所要
40分

松江市街の南郊にある八重垣神社は縁結びの神様として名高い神社。
境内にある鏡の池で縁占いをしてみれば、幸運が訪れるかも。

▼神社を訪れたら拝殿にて良縁を祈願

八雲立つ風土記の丘周辺
やえがきじんじゃ
## 八重垣神社

**澄んだ水面を眺めて縁占いを**

縁結びの大神として知られる古社。周辺は日本神話の一つ「八岐大蛇伝説」の舞台ともいわれ、この地で愛を育んだと伝えられる素盞嗚尊と稲田姫命を祭神としている。境内には稲田姫命が姿を映したという鏡の池があり、池に占い用紙を浮かべて良縁を占える。

☎0852-21-1148 🏠松江市佐草町227
🕐🈺🈲境内自由（社務所は9〜17時）🚌JR
松江駅から松江市営バス八重垣神社方面行
きで20分、八重垣神社下車すぐ 🅿100台
🗺️P98B3

境内は神聖な
空気が漂います

▲森に囲まれ小鳥の
さえずりも心地よい
▶参拝前に手水舎で
手と口を清めよう

愛らしいお守りも
要チェックです

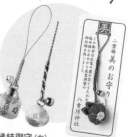

縁結御守（左）
500円
縁結貝御守（右）
800円

二葉椿 美のお守り
800円

第四十三番
おみくじ

◀神札授与所で引ける「招き猫おみくじ」(1回200円)はいろいろな色の招き猫入り

稲田姫命ゆかりの夫婦椿!

八重垣神社入口の「夫婦椿(連理玉椿)」は、根元が2本で幹は1本に合体。同様の大婦椿は境内にも2本あり、いずれも、一心同体、愛の象徴として神聖視されています。

## 拝殿でお参りがすんだら 鏡の池で縁占い

**一 占い用紙を手に入れる**
鏡の池での縁占いで使用する占い用紙は1枚100円。神札授与所でいただくことができる。

**二 鏡の池へ向かう**
境内左を奥に進んでいく。小川を渡ると、鏡の池がある「佐久佐女の森」の入口がある。

**三 鏡の池に到着**
入口からさらに歩いて1分ほどで池に到着。この池を稲田姫命は姿見として利用したといわれる。

**四 まずは姫神様に参拝**
占いの前に、池の背後に鎮座する「天鏡神社」へお参りを。稲田姫命を祀っている。

**五 占い用紙を浮かべてお祈り**
占い用紙に10円か100円玉をのせ、そっと池に浮かべると縁のご神託が。手を合わせて祈願。

**六 占い用紙の沈む早さは!?**
しばらく浮かんでいる占い用紙の沈む時間がポイント。15分以内に沈むと良縁が早く訪れるという。

---

**column ❖ 八重垣神社の東部は遺跡の宝庫「八雲立つ風土記の丘」❖**

### 古代ロマンの息吹を感じる

八雲立つ風土記の丘一帯は奈良時代に出雲国庁が置かれ、県内最大規模の前方後方墳である国史跡「山代二子塚古墳」(交バス停山代町から徒歩3分 MAP P98C3)や「岩屋後古墳」(交バス停風土記の丘入口から徒歩3分 MAP P98C3)など多くの古墳や遺跡が点在。民話や工芸体験を楽しめる「出雲かんべの里」(MAP P98C3)なども。

八雲立つ風土記の丘展示学習館(200円※特別展は別途、火曜定休)

交JR松江駅から一畑バス八雲車庫行きで山代町まで14分、風土記の丘入口まで18分 P八雲立つ風土記の丘利用60台

出雲かんべの里の民話館(¥260円)では昔話を聞こう

---

📖 八雲立つ風土記の丘の中心施設が「島根県立八雲立つ風土記の丘展示学習館」(MAP P98C3)。「見返りの鹿埴輪」は必見です。

# 美肌の湯、玉造温泉で恋が叶う!? パワースポットめぐり

散策所要 1時間

はるか古代から三種の神器の一つである勾玉の産地として知られる玉造温泉。温泉街には神秘的なパワーあふれるスポットが点在しています。

## 玉造温泉って
たまつくりおんせん
### こんなところ

**美肌とハッピーパワーの里でぶらりおさんぽ**

山陰を代表する名湯の一つで、『出雲国風土記』にも記された古湯。古代には勾玉や管玉などの玉作りの里だった。玉湯川の両岸に旅館が立ち並ぶ温泉街には、玉作湯神社などのハッピーパワースポットが点在している。

問合せ☎0852-62-3300(松江観光協会玉造温泉支部)

アクセス JR松江駅から一畑バス玉造温泉行きで玉造温泉駅入口まで21分、温泉下まで25分、姫神広場まで26分、温泉上まで27分、玉造温泉まで28分。またはJR松江駅から山陰本線出雲市駅方面行きで10分、玉造温泉駅下車後、徒歩1分のバス停玉造温泉駅入口から上記の一畑バスを利用 P周辺駐車場利用 広域MAP折込裏E3

▲温泉街の中央を玉湯川が流れる

Start!

## 1. 玉作湯神社
たまつくりゆじんじゃ

**丸い願い石に祈りをこめて**

勾玉の神と温泉の神が祭神。社務所で受けるお守り・叶い石600円を御神水で清め、境内に奉られる願い石(真玉)に添えて願うと、ハッピーパワーが叶い石に宿るとされる。一角には温泉美肌と安産・子育ての守り神・姫神様の湯姫大明神社なども鎮座。

☎0852-62-0006 住松江市玉造町玉造508 ¥境内自由(社務所は9〜12時、13〜17時ごろ、土・日曜、祝日は8時30分〜) 交バス停玉造温泉から徒歩2分 P20台 MAP P87右下

▶祭神は櫛明玉命、大名持命、少彦名命

徒歩すぐ

## 2. 宮橋(恋叶橋)
みやばし(こいかないばし)

**恋に効く!?撮影ポイント**

玉作湯神社前の玉湯川に架かる開運の橋。橋の上に立ち、背景に玉作湯神社の鳥居を入れて写真を撮ると恋が叶うといわれている。

¥通行自由 交バス停玉造温泉から徒歩2分 MAP P87中下

▶おしろい札300円はお顔用(写真)とお身体用がある

徒歩3分

徒歩1分

## 3. おしろい地蔵さま
おしろいじぞうさま

**美肌祈願の隠れた名所**

おしろい札に願い事を書いて納め、筆でおしろいを塗ると、「美人になる」「病気が治る」とされる。

☎0852-62-0516 住松江市玉湯町玉造530 時8時〜日没(冬期は〜17時ごろ) 休なし 交バス停玉造温泉から徒歩3分 P5台 MAP P87右下

▲清巌寺の境内にある

◀朱塗りの橋で記念撮影してみよう

▲勾玉形の石組みの中央の原石が幸せポイント

**神話のオブジェが9体あります**

「八岐大蛇退治神話」など、出雲神話をモチーフにしたオブジェが川沿いに点在。解説もあるので、代表的な出雲神話にふれることができます。☞P87 MAPの★は出雲神話のオブジェ。

## ⑤ 足湯と青めのうの原石
あしゆとあおめのうのげんせき

**青めのうの原石にさわろう**

勾玉橋近くに設けられた足湯スペースで、温泉街に3つある足湯の一つ。川の流れを眺めながら足浴できる。すぐ近くに勾玉の形をした石組みがあり、中央の青めのうの原石をなでると幸せが訪れるとされている。

¥見学自由 交バス停温泉上からすぐ
MAP P87中央

徒歩3分

徒歩2分

## ④ 湯薬師広場
ゆやくしひろば

**美肌の湯を持ち帰りできる**

広場のおやしろ内で購入できるスプレータイプの美肌温泉ボトル200円に入れて、温泉を持ち帰ることもできる。スプレーボトルなのでそのまま使用できるのがうれしい。

¥見学自由 交バス停玉造温泉から徒歩1分 MAP P87中下

▲湧き出る温泉をボトルに詰める

## ⑥ 姫神広場
ひめがみひろば

Goal!

**東屋付きの足湯で美脚を目指そう!**

温泉美肌パワーの姫神様像をシンボルにした広場。場内に足湯があり、湯船の底にはめのうが敷き詰められている。足湯用のタオル100円も用意され、手ぶらで気軽に利用できる。

¥見学自由 交バス停姫神広場からすぐ
MAP P87中央

▲▲タオルは足湯そばのおやしろの中に入っている

---

**👣 玉造温泉の立ち寄りスポット**

**🍴キッチン花音**
きっちんかのん

勾玉橋の西側ほとり。ランチは島根和牛ステーキセット3980円～や、海鮮丼セット2080円など。
☎0852-67-2229
🕚11時30分～14時、17時～(閉店時刻不定)
休不定休 交バス停温泉上から徒歩1分 P4台 MAP P87中央

**♨玉造温泉美肌研究所姫ラボ**
はつくぞうおんせんびはだけんきゅうじょひめらぼ

美肌効果が抜群とされる玉造温泉の湯が原料のオリジナルの温泉コスメが並ぶ。☎0852-62-1556
🕘9時～18時 休無休 バス停姫神広場から徒歩2分 Pなし MAP P87中央

**🛍八百万マーケット**
やおよろずまーけっと

松江ならではの特産物がずらりと並び、オリジナル商品も揃う。写真は松江の幻のメロンで作られたご縁玉メロンソーダー1本378円。
☎0852-67-6650
🕘9～18時 火曜交 バス停温泉下からすぐ P玉造温泉駐車場利用 MAP P87中上

**玉造温泉**

★は出雲神話のオブジェ

玉造温泉駅へ

松江市

玉井別館
出雲神々縁結びの宿 紺家
曲水の庭ホテル玉泉
温泉下
玉造アートボックス
白石家
八百万マーケット
★「八岐大蛇退治神話」像
界 玉造 P.89
翠鳩の巣(ゲストハウス)
★「因幡の白兎神話」像
足湯
P.88 佳翠苑皆美
⑥姫神広場
姫神広場
松江市立出雲玉作資料館
出雲玉作史跡公園
湯陣千代の湯
足湯
P.89 松乃湯
⑤玉造温泉ゆ～ゆ P.89
玉造温泉美肌研究所姫ラボ
湯之助の宿 長楽園 P.88
京町通り
勾玉橋
キッチン花音
保性館
⑤足湯と青めのうの原石
清風荘
玉造グランドホテル 長生閣 P.89
④湯薬師広場
旅亭山の井
玉作湯神社
玉造築山古墳
玉造温泉
③おしろい地蔵さま
湯薬師如来
玉造要害山城跡
玉造ふれあい公園
湯閼伽の井戸
宮橋(恋叶橋)
清巌寺
木次へ
①玉作湯神社
N
100m
玉井別館

---

📖 宮橋近くの湯閼伽の井戸(恋来井戸)には恋がやってくるという鯉の餌「恋叶の素」100円の無人販売所があります。

# 美肌の湯をのんびり楽しむなら
# 玉造温泉でくつろぎステイ

奈良時代初期に開湯された歴史ある温泉で、山陰を代表する名湯の一つ。
美肌効果が高いという湯でお肌にたっぷり潤いを与えて、素肌美人を叶えましょう。

## ゆのすけのやど ちょうらくえん
## 湯之助の宿 長楽園

広大な庭園に抱かれた混浴露天風呂「龍宮の湯」は日本有数の広さ。このほか、男性専用露天風呂と女性専用露天風呂も設けられている。一般客室のほか露天風呂付きの特別室があり、静寂に満ちた時を過ごすことができると好評。

☎0120-62-0171 住松江市玉湯町玉造323 交バス停温泉上から徒歩1分 P50台 ●全67室(和室62、和洋室5)●内湯3露天3貸切1 MAPP87中央

日本最大級の大きさを誇る混浴の露天風呂へ

✛1泊2食付料金✛
平日1万7600円〜
休前日1万9250円〜
✛時間✛
IN15時、OUT10時

1 120坪もの広大な池のような混浴露天風呂「龍宮の湯」は全国でも有数の広さを誇る 2 温泉街のほぼ中央、勾玉橋の近くにある 3 混浴の露天風呂のほか、男女別の大浴場と露天風呂もある(写真は男性専用露天風呂)

### このお風呂に入りたい!
### 龍宮の湯

120坪の広さをもつ混浴露天風呂。やや熱めの源泉がかけ流しになっている。男女ともに湯浴着を借りられるので気兼ねなく楽しめる。

✛1泊2食付料金✛
平日2万1050円〜
休前日2万5450円〜
✛時間✛
IN15時、OUT10時

湯上がりには何をしよう 充実した内容のプランも評判

1 周囲の自然に溶け込むように備わる岩造りの露天風呂。広々とした内湯もある 2 スタンダードの客室は10畳に広縁付きでゆったり 3 季節に応じた旬の山海の幸が楽しめる

## かすいえんみなみ
## 佳翠苑皆美

木肌の湯「浮殿」、玉肌の湯「浮船」、さらに湯上がりに手湯や足湯、庭園を眺めながらくつろげるラウンジなどを備えた「うるわしリゾート」が好評。料理自慢の宿としても評判だ。客室はスタンダードな和室から露天風呂付きの部屋までタイプもさまざま。

☎0852-62-0331 住松江市玉湯町玉造1218-8 交バス停姫神広場から徒歩1分 P80台 ●全108室(和室84、和洋室6、洋室18)●内湯4露天5貸切なし MAPP87中左

### このお風呂に入りたい!
### 玉肌の湯「浮舟」

花と緑の景色を望む露天風呂。岩造りと檜造りの2種類の湯船を備え、美肌の湯に癒やされる。広々としたパウダールームもある。

源泉かけ流し 部屋食 エステあり 禁煙ルームあり 大浴場あり ひとり宿泊OK

地元素材を使った会席料理を
玉造温泉の宿では宍道湖や日本海の幸を使った料理を堪能できます。冬期には松葉ガニをコースで楽しめる宿泊プランもあります（写真は白石家のイメージ）。

## まつのゆ
## 松乃湯

お風呂は2つの大浴場のほか4つの貸切露天風呂などを備え充実。夕食バイキングではしまね和牛のローストビーフなど地元の食材で彩られた料理が楽しめる。専属パティシエが作る旬の素材を使用した季節のデザートにも注目したい。

☎0120-380-611 住松江市玉造町玉造1215 交バス停姫神広場から徒歩3分 P100台 ●全74室（和室71）●内湯2露天2貸切4 MAP P87中央

趣向の異なる大浴場と貸切露天風呂を用意

大浴場は、男女入替制でどちらも楽しめるのがうれしい

＋1泊2食付料金＋
平日1万7750円～
休前日2万2150円～
＋時間＋
IN15時、OUT10時

このお風呂に入りたい!!

### 大浴場
ガラス張りの開放感のある大きなお風呂でゆっくり。天窓からの日差し心地良く癒やしの時間を楽しめる。

---

＋1泊2食付料金＋
平日1万9950円～
休前日2万3250円～
＋時間＋
IN15時、OUT10時

このお風呂に入りたい!!

### めのう風呂
色とりどりのパワーストーン「めのう」を敷き詰めた「めのう風呂」は、縁結びの国・しまねらしい独特の造り。

めのうを敷き詰めた浴場で美しさに磨きをかけて

キラキラ輝くパワーストーン「めのう」に包まれて贅沢な入浴時間を

## たまつくりぐらんどほてる ちょうせいかく
## 玉造グランドホテル 長生閣

殿方・ご婦人合わせて1万枚敷き詰められた"めのう風呂"は圧巻。その他バラエティに富んだ客室や旬の食材を用いた創作会席も自慢の宿。

☎0852-62-0711 住松江市玉造町玉造331 交バス停温泉上から徒歩1分 P100台 ●全84室（和室75、和洋室3、洋室6）●内湯4露天2貸切1 MAP P87中下

---

## かい たまづくり
## 界 玉造

全室露天風呂付きの客室の宿。夕食ではシジミや松葉ガニなど、旬の素材を会席料理で味わえる。毎晩開催される石見神楽のダイナミックな舞も見どころ。

☎050-3134-8092（界予約センター）住松江市玉造町玉造1237 交バス停姫神広場から徒歩1分 P24台 ●全24室（和室24）●内湯2露天2貸切なし MAP P87左上

玉造温泉の美肌の湯を心ゆくまで楽しむ

大浴場の湯出し口は社を模している

＋1泊2食付料金＋
平日3万5000円～
休前日4万1000円～
＋時間＋
IN15時、OUT12時

このお風呂に入りたい!!

### 大浴場
全面ガラス張りになった大浴場のほか、岩間から湯が流れ出す情趣豊かな露天風呂も完備している。

玉造温泉では日帰り入浴のできる施設があります。露天風呂を備えた玉造温泉ゆ～ゆ（MAP P87中央）で、入浴料500円です。

# 世界が認める庭園と珠玉の作品
# 足立美術館でアートなひととき

見学所要
**2時間**

『ミシュラン・グリーンガイド・ジャポン』で3ツ星の評価を得た日本有数の美術館。
庭園はもちろん、日本画や陶芸などのコレクションも見ごたえ満点です。

かれさんすいてい
**枯山水庭**
立石を山に見立て、そこから注いだ水が渓流となり大河になっていく様を、水を使わず表現している。

ミシュラン3ツ星に輝いた
日本庭園を鑑賞

安来
あだちびじゅつかん
## 足立美術館

**年間60万人が訪れる日本屈指の美術館**

アメリカの日本庭園専門誌で連続日本一に選ばれ、『ミシュラン・グリーンガイド・ジャポン』でも山陰で唯一3ツ星評価。まるで立体絵画のような5万坪の日本庭園は季節ごとに趣がある。横山大観を中心とする近代日本画をはじめ、陶芸や童画、現代日本画など約2000点の作品を所蔵し、年4回の特別展で公開。

☎0854-28-7111 ⓰安来市古川町320 Ⓨ入館2300円 ⓑ9時～17時30分（10～3月は～17時）ⓗ無休（新館のみ展示替えのための休館あり）ⓐ松江駅からJR山陰本線で22分、安来駅で無料シャトルバスに乗り換え20分 ⓟ400台 ⓂⒶⓅ折込裏G4

なまのがくえ
**生の額絵**
大きな窓枠を額縁に見立て、庭園を一枚の絵画のように鑑賞できる。まるで生きた絵画。

はくさせいしょうてい
**白砂青松庭**
横山大観の名作『白沙青松』をイメージした庭園。海岸に見立てた白砂と点在する黒松のコントラストが見事。

**横山大観『紅葉』**
よこやまたいかん こうよう
（左隻・昭和6年）

群青に彩られた流水にプラチナ泥の
さざなみ、深紅の紅葉を描いた作品。
毎年秋季限定で展示される。

スケールの大きな作品をチェック！

## 日本の名画・陶芸
## コレクションも必見です

### 魯山人館
ろさんじんかん

北大路魯山人（1883〜1959）の作
品を鑑賞するために設計された建物
で、常時120点前後の作品を展示。魯
山人の芸術を心ゆくまで堪能できる場
になっている。

▲魯山人館の外観は、赤松が林立す
る庭園の中、石畳のアプローチの奥に
静かに佇む蔵のようなイメージ

### 北大路魯山人『椿鉢』
きたおおじろさんじん つばきばち
（昭和15年ごろ）

鑑賞後に立ち寄りたい
館内施設はこちらです

###  喫茶室 翠
きっさしつ みどり

香り高いコーヒーや紅茶などを楽
しめる喫茶室。広大な枯山水庭
を眺めながらほっとひと息。

▲のんびりと贅沢
なティータイム▶オ
リジナルブレンドコ
ーヒーやキャラメル
マキアート各1000
円などを用意

###  ミュージアムショップ

本館と新館の1階にある。雑貨や
菓子など、所蔵作品をモチーフに
したオリジナルグッズが並ぶ。

▶大観と魯山人
の作品をモチー
フにしたタオルハ
ンカチ各660円

◀花、紅葉など
庭園を表現した
和三盆1270円

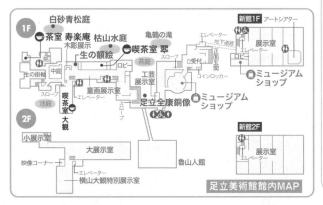

足立美術館内MAP

白砂青松庭の横にある茶室 寿楽庵では、「招福延命に功あり」とされる純金の茶釜で沸かしたお湯で点てたお抹茶を楽しめる。

見学所要
1時間

# 牡丹と菖蒲の季節が見事な
# 出雲の国の箱庭・由志園をおさんぽ

松江市街の東方、中海に浮かぶ大根島、そのほぼ中央にある日本庭園。
牡丹や菖蒲をはじめとした四季の花が咲き、秋には美しい紅葉に出合えます。

**さんまんりんのちせんぼたん**
### 三万輪の池泉牡丹
4月下旬〜5月上旬の7日間のみ現れる牡丹の絶景。日本一の牡丹苗産地だからこそ実現できる奇跡の絶景だ。最終日には黄金の池泉牡丹が現れる。

`大根島`
ゆうしえん
## 由志園

### 山陰地方最大級の回遊式庭園

昭和50年（1975）に開園した回遊式日本庭園で、池や滝、枯山水など、日本庭園のさまざまな要素が凝縮されている。園内各所では四季折々の花が咲き誇る。

☎0852-76-2255 住松江市八束町波入1260-2 ¥入園800円〜（GWのイベント「池泉牡丹」は1400円）⏰10〜17時（イベント時などは変更あり）休12月30,31日 交JR松江駅から松江市営バスで60分、由志園下車すぐ P300台 MAP折込裏G2

池泉に架かる朱塗りの橋。橋の上から庭園を見渡せる

牡丹庭園　牡丹の館
やまぼうし
竜渓の滝　休処　　　　　東屋
食事処紅葉
花菖蒲園
料亭菖蒲
茶房一望　食事処禅
サツキ
日本料理「特りん」
枯山水　牡丹観音菩薩　売店
熔岩庭園
入口

黒松の築山や池泉を配した
美しい庭園

# 四季の見どころ総ざらい

## 春 《3～5月》

**一年で最も華やかな季節**
椿や梅が春を告げ、桜や牡丹、シャクナゲなどが次々に花開く。4月中旬の大根島の名牡丹「島錦」や「芳紀」は必見。

## 夏 《6～8月》

**霧の日本庭園**
国内最大級の霧のインスタレーションが見られるほか、6月には花菖蒲、7月にはアジサイやスイレン、8月にはサルスベリが花開く。

## 秋 《9～11月》

**燃えるような紅葉**
9月はサルスベリ、11月は寒牡丹とまだ花も見頃。11月上旬～12月上旬は錦繍の彩り。庭園や水面も紅葉に染まる。夜はライトアップも。

## 冬 《12～2月》

**白銀の世界を彩る牡丹**
白銀に包まれ、庭園が風情を増す。雪の中で咲く冬牡丹は、春咲きの品種を温度調節して冬に開花させたもの。

---

### ぼたんのやかた
## 牡丹の館
開花調整が難しいとされる牡丹を、温度、湿度、日照管理に細心の注意を払って一年中大輪の牡丹を咲かせている。

### さんいんさいだいきゅうのいるみねーしょん
## 山陰最大級のイルミネーション
秋から冬にかけて期間限定で開催。インターナショナルイルミネーションアワード、イルミネーションイベント部門第1位。総計130万球のイルミネーションが1万坪の日本庭園を彩り、48台のプロジェクターによる庭園全体の多彩なプロジェクションマッピングで、最新の「和のイルミネーション」を楽しめる。

---

## おさんぽ途中に立ち寄りましょう

### にほんりょうり「ちくりん」
## 🍴 日本料理「竹りん」
気軽に郷土料理を楽しめる食事処。大根島産手打せいろ蕎麦1100円、竹りん弁当 花1815円、名物うなぎ溶岩焼き1980円など。

▶美しい庭園を眺めて食事を

### さぼういちぼう
## ☕ 茶房一望
目の前には美しい庭園が広がる。オリジナルの高麗人参コーヒー740円や、自家製手作りケーキ640円。

▶庭園を眺めるとっておきの空間

### やまぼうし
## 🛍 やまぼうし
牡丹染めのスカーフや高麗人参入り石鹸、牡丹の花を練り込んだ菓子など、店内には特産品が満載。

▶ぼたんせんべい1袋600円

---

📖 由志園門前には、松江藩「人参方役所」の復元や加工・販売所などによる「雲州人参の里」もあります。

## ココにも行きたい
# 松江中心部＆郊外のおすすめスポット

---

### 郊外／大垣町
♪ まつえふぉーげるぱーく
## 松江フォーゲルパーク

**花と鳥のテーマパーク**

ベゴニアがメインの国内最大級の花の大温室をもつ。話題の鳥ハシビロコウにも会える。フクロウの飛行ショーやペンギンのお散歩も人気。**DATA**☎0852-88-9800 ⓘ松江市大垣町52 ¥入園1650円 ⓒ9〜17時（季節で変動あり）休無休 交松江しんじ湖温泉駅から一畑電車で16分、松江フォーゲルパーク駅下車、徒歩1分 P250台 **MAP**折込裏D3

---

### 松江中心部／塩見縄手周辺
♪ ひろせがすりあいぞめこうぼう
## 広瀬絣藍染工房

**藍染めの伝統の技を体感**

白布を輪ゴムで絞り藍液に浸けて染める藍染めの本格体験ができる。ふきん600円、ハンカチ900円〜（いずれも所要約30分、要予約）など。広瀬絣の藍染めや小物も販売。**DATA**☎050-6864-3330 ⓘ松江市北堀町322 ⓒ10〜17時 休不定休 交ぐるっと松江レイクラインバス停小泉八雲記念館前から徒歩1分 P2台 **MAP**P96B1

---

### 松江中心部／松江城周辺
まつえほーらんえんやでんしょうかん
## 松江ホーランエンヤ伝承館

**等身大人形や映像などで具体的に解説**

日本最大級の船神事で、10年ごとに行われる「ホーランエンヤ」（☞P21城山稲荷神社）を紹介。**DATA**☎0852-32-1607（松江歴史館）ⓘ松江市殿町250 ¥入園200円（松江歴史館の観覧券提示で無料）ⓒ9〜17時 休月曜（祝日の場合は翌平日）交ぐるっと松江レイクラインバス停塩見縄手から徒歩1分 P12台 **MAP**P96C1

---

### 松江中心部／京店商店街
ていえんさりょうみなみ
## 庭園茶寮みな美

**やさしい味わいの家伝料理**

松平不昧公ゆかりの「鯛めし」が名物。ご飯に鯛そぼろ、卵の白身と黄身などをのせ、特製のダシをかけて味わう。鯛めし御膳「福」2750円。**DATA**☎0852-21-5131（皆美館）ⓘ松江市末次本町14 皆美館内 ⓒ11時30分〜15時（14時LO）、17時30分〜21時（20時LO）休火曜 交一畑バス・松江市営バス停大橋北詰から徒歩3分 P20台 **MAP**P98B5

---

### 松江中心部／京店商店街周辺
なにわずし
## 浪花寿し

**明治20年（1887）創業の名店**

蒸し寿司1300円は、すし飯の上にエビやウナギ、肉、かまぼこ、錦糸卵など具だくさん。いなり寿司6個入り660円はみやげとしても人気がある。**DATA**☎0852-21-4540 ⓘ松江市東茶町27 ⓒ11時30分〜14時、16時30分〜18時30分（夕方からはテイクアウトのみ）※売り切れ次第終了 休水・木曜 交一畑バス・松江市営バス停大橋北詰から徒歩3分 P3台 **MAP**P98B5

---

### 松江中心部／松江城周辺
ろんぢん まつえほんてん
## ろんぢん 松江本店

**しゃぶしゃぶ・すき焼きの老舗**

大正ロマンの気品漂う食事処。創業70余年の秘伝のしゃぶしゃぶ2640円〜など。奥出雲豚のカツカレー1540円といった洋食も充実している。**DATA**☎0852-22-3618 ⓘ松江市殿町267 ⓒ11時〜14時30分LO、17時〜20時30分LO 休不定休 交ぐるっと松江レイクラインバス停大手前堀川遊覧船乗場・歴史館前から徒歩2分 Pなし **MAP**P96C2

---

### 松江中心部／京店商店街周辺
ときのかぜ くら
## 季節の風 藏

**ご飯によく合う宍道湖のシジミ**

お米屋さんが営む食事処。メニューは丼料理が中心で、宍道湖のシジミを甘辛く煮て、味わい深い奥出雲産コシヒカリのご飯にのせたしじみ丼1540円が人気。ほかにもおすすめのメニューは多い。**DATA**☎0852-21-2270 ⓘ松江市東本町1-64 ⓒ11時30分〜14時LO 休水曜（祝日の場合は営業）交一畑バス・松江市営バスバス停大橋北詰から徒歩2分 P4台 **MAP**P98C4

---

### 松江中心部／京店商店街周辺
れすとらんせいようけん
## レストラン西洋軒

**決め手はデミグラスソース**

地元で愛される老舗の洋食店。3週間じっくり煮込んだデミグラスソースで作ったオムライス1000円やタンシチューは絶品。タンシチューと海老フライのセット1600円。ほかにもアラカルトメニューが豊富。**DATA**☎0852-22-3434 ⓘ松江市片原町111 ⓒ11時〜14時LO、17時30分〜19時30分LO 休日曜 交一畑バス・ぐるっと松江レイクラインバス停京橋から徒歩3分 P3台 **MAP**P98A4

### 松江中心部／塩見縄手周辺
#### 🍴 松江堀川地ビール館
まつえほりかわじびーるかん

松江で生まれた「ビアへるん」

開放的な空間で造りたての地ビールを味わえる。地元の特産品をはじめ、銘菓、銘茶、宍道湖珍味など多数揃えている。

**DATA** ☎0852-55-8877 ㊟松江市黒田町509-1 ㊒1階売店9時30分～17時（ビールカウンターは～16時30分）㊡不定休 ㊦ぐるっと松江レイクラインバス停堀川遊覧船乗場からすぐ ㊟松山西駐車場利用136台（有料）**MAP**P96B1

### 松江中心部／塩見縄手周辺
#### 🍴 海鮮うまいもん料理 京らぎ 黒田店
かいせんうまいもんりょうり きょうらぎ くろだてん

自然豊かな山陰の恵みを味わう

日本海の採れたて魚介や地物野菜など、地元の旬の食材にこだわった料理が好評。おすすめは、境港産の天然真鯛の鯛茶漬け1800円（写真）。

**DATA** ☎0852-25-2233 ㊟松江市黒田町512-5 ㊒11～14時、17～20時 ㊡月・火曜（祝日の場合は翌日）㊦一畑バス・ぐるっと松江レイクラインバス停堀川遊覧船乗場からすぐ ㊟40台 **MAP**P96B1

### 松江中心部／黒田町
#### 🍴 服部珈琲工房 黒田店
はっとりこーひーこうぼう くろだてん

倉庫をリノベーションした店内

倉庫だった建物をリノベーションして2階まで吹き抜けに。本格的な自家焙煎コーヒーが自慢で、酸味とコクのバランスが絶妙。好きなドリンクとの組み合わせが楽しめるケーキセットが人気。

**DATA** ☎0852-26-4444 ㊟松江市黒田町433ムーラン・ルージュ1階 ㊒9～21時（金・土曜、祝前日は～23時）㊡無休 ㊦松江市営バス黒田町からすぐ ㊟30台 **MAP**P96B1

### 松江中心部／松江駅周辺
#### ☕ カフェクーランデール
かふぇくーらんでーる

夜遅くまでケーキでお茶できる

松江で最初にシフォンケーキを始めた店。バナナシフォン495円など、オリジナルのスイーツと一緒にブレンドコーヒー550円を夜遅くまで楽しめる。

**DATA** ☎0852-27-8577 ㊟松江市朝日町484-13 ㊒11～23時（土曜は13時～23時30分）㊡日曜（連休時は最終日のみ休み）㊦JR松江駅北口から徒歩2分 ㊟朝日町パーキング利用（有料）**MAP**P97D3

### 松江中心部／京店商店街周辺
#### 🏮 蔵しっく館・國暉
くらしっくかん・こっき

松平家ゆかりの銘酒を販売

松江藩松平家にゆかりの國暉酒造の店舗兼ギャラリー。帯ラベル えん い720㎖1980円など。ショーケースには約30種類の酒がズラリと並び、無料で試飲もできる。

**DATA** ☎0852-25-0123 ㊟松江市東茶町8 ㊒10～18時（日曜は～16時）㊡不定休 ㊦一畑バス・ぐるっと松江レイクラインバス停京橋から徒歩3分 ㊟京店商店街駐車場利用約90台（有料）**MAP**P98A5

### 松江中心部／松江城周辺
#### 🏮 めのうの店 川島
めのうのみせ かわしま

明治10年（1877）創業のめのう専門店

出雲特産青めのう（碧玉）の勾玉、天然石を編み込んだアクセサリーや雑貨、島根のみやげなどが揃う。勾玉根付950円～。

**DATA** ☎0852-21-2996 ㊟松江市殿町193 ㊒9～17時（季節変動あり）㊡不定休 ㊦ぐるっと松江レイクラインバス停大手前堀川遊覧船乗場・歴史館前からすぐ ㊟松江城大手前駐車場利用67台（有料）**MAP**P96C2

---

### 💼 1300年の歴史を感じ古事記ゆかりの地へ

松江周辺には古の書物に描かれた出雲神話に登場する地が数多く点在しています。

### 郊外／鹿島町
#### 佐太神社
さだじんじゃ

導き・道開きにご利益あり

『出雲国風土記』に記された古社。大社造の社殿が3棟並び、縁結びなどのご利益もある。**DATA** ☎0852-82-0668 ㊟松江市鹿島町佐陀宮内72 ㊒㊡境内自由 ㊦JR松江駅から一畑バス豊行きで26分、佐太神社前下車、徒歩3分 ㊟40台 **MAP**折込裏E2

### 郊外／八雲町
#### 熊野大社
くまのたいしゃ

古代から広く人々に崇敬される

八岐大蛇を退治したことで知られる素戔嗚尊を祀っている出雲国一の宮。境内には素戔嗚尊が詠んだという歌碑が立つ。**DATA** ☎0852-54-0087 ㊟松江市八雲町熊野2451 ㊒㊡境内自由 ㊦JR松江駅から車で30分 ㊟100台 **MAP**折込裏E4

### 郊外／美保関町
#### 美保神社
みほじんじゃ

全国のゑびす様の総本社

ゑびす様こと事代主神が祭神。本殿は、大社造を2棟並べた美保造とよばれる建築様式。**DATA** ☎0852-73-0506 ㊟松江市美保関町美保関608 ㊒㊡境内自由 ㊦JR松江駅から車で50分、またはJR境港駅から車で15分 ㊟30台 **MAP**折込裏H2

---

📖 松江市街の米田酒造（**MAP**P96C3）は明治29年（1896）創業の老舗。「純米 松江づくし」1800㎖2585円などが人気です。

## 松江タウン

0　　　　200m

徒歩約3分

N

P.95 海鮮うまいもん料理 京らぎ 黒田店

P.94 広瀬絣藍染工房

小泉八雲記念館 P.58

小泉八雲旧居（ヘルン旧居）P.59

P.74 神代そば

田部美術館 P.59

出雲そば きがる P.75

松江堀川地ビール館 P.95

亀の石像 P.61

塩見茶屋 P.59

明々庵 P.77

八雲庵 P.59

塩見縄手

スペース濠々 P.81

P.60～61 ぐるっと松江堀川めぐり（乗船場）

gra Herun P.80

城山稲荷神社 P.57・125

武家屋敷 P.59

そば岡本 P.75

松江ホーランエンヤ伝承館 P.63・76

P.95 服部珈琲工房 黒田店

松江城お城まつり P.125

国宝松江城（城山公園）P.56・125

普門院 P.63・76

ぶらっと松江観光案内所 P.57

ちどり茶屋 P.57

松江歴史館 P.57

ろんぢん 松江本店 P.94

P.60～61 ぐるっと松江堀川めぐり（乗船場）P.57

松江神社 P.57

島根県物産観光館 P.81

P.63・77 月照寺

興雲閣 P.57

島根ふるさと館

P.74 中国山地蕎麦工房ふなつ

めのうの店 川島 P.95

国宝松江城県庁前 P.57

福田屋 本店 P.79

京店商店街 P.64

P.95 米田酒造

大雄寺 P.63

松江しんじ湖温泉 P.82

源助柱記念碑 P.63

松江しんじ湖温泉駅

松江しんじ湖温泉足湯（お湯かけ地蔵足湯）

風流堂 本店 P.78

ちどり湯 COCO MATSUE

ホテル一畑

小泉八雲記念碑 P.71

宍道湖大橋 P.71

耳なし芳一像 P.63

中村茶舗 P.77

三英堂 寺町本店 P.78

松平閣 P.83

白潟公園 P.70

彩雲堂本店 P.78

夕景湖畔 すいてんかく P.83

なにわ一水 P.82

桂月堂 天神町本店 P.79

旅館 寺津屋

松江水郷祭湖上花火大会 P.125

P.67 湖畔のレストラン RACINE

P.67 宍道湖うさぎ

P.67・81 ミュージアムショップ

P.66 島根県立美術館

オープン・マインド・オブ・ラフカディオ・ハーン

P.70 岸公園

P98下図

松江タウンMAP

松江市

松江広域ＭＡＰ

| | A | B | C |
|---|---|---|---|

**松江市**

国宝松江城（城山公園）

松江しんじ湖温泉駅

珈琲館 湖北店 P.69

宍道湖夕日スポット（とるぱ） P.70

あらびかコーヒー P.69

清松庵たちばな P.68

cafe CONNECT P.69

udon dining cafe 安菜蔵 P.68

八重垣神社 P.84

島根県立八雲立つ風土記の丘展示学習館 P.85

出雲かんべの里 P.85

山代二子塚古墳 P.85

八雲立つ風土記の丘 P.85

岩屋後古墳 P.85

松江駅

JR山陰本線

西尾IC

津田IC

**松江広域**
0　500m
徒歩約7分

**京店商店街周辺**
0　50m
徒歩約1分

パティスリー・キュイール P.80

上田そば店 P.75

松江ニューアーバンホテル別館

松江ニューアーバンホテル

レストラン西洋軒 P.94

浪花寿し P.94

蔵しっく館・國暉 P.95

松江宍道湖畔文人ゆかりの宿 皆美館 P.83

庭園茶寮みな美 P.94

野津めのう店本店 P.81

長岡名産堂 P.64

お団子と甘味喫茶 月ヶ瀬 P.65

日本茶カフェScarab別邸 P.65

京店商店街 P.64

松江シティホテル別館

松江シティホテル本館

カラコロ工房 P.65
※2024年9月まで休館予定

ぐるっと松江堀川めぐり（乗船場） P.60〜61

千茶荘 京店本店 P.64

季節の風 蔵 P.94

宿野乃松江

一力堂 京店本店 P.79

川京 P.73

ホテルルートイン松江

山本漆器店 P.64

大橋館 P.83

小泉八雲宿舎跡 P.63

# 港町にかわいい妖怪が大集合！
## ゲゲゲタウン・境港へようこそ

170体余りのユーモラスな妖怪ブロンズ像が立ち並ぶ
水木しげるロードには『ゲゲゲの鬼太郎』にちなんだ
おもしろかわいいスポットやグッズがいっぱいです。
お腹がすいたら港のとれたて魚介を海鮮丼で召し上がれ。

**これしよう！**

## ゲゲゲの鬼太郎
## グッズをおみやげに

キャラクターをモチーフにしたユニークなグッズやお菓子がズラリ。(☞P106)

**これしよう！**

## トレピチ海鮮丼を
## いただきます

水揚げされたばかりの新鮮な魚介を盛り付けた丼が人気。(☞P104)

**これしよう！**

## 水木しげるロードで
## 妖怪に遭遇!?

ブロンズ像と写真撮影をしたり、妖怪関連スポットを訪れよう。(☞P102)

水木しげる記念館は2024年4月リニューアルオープン予定

ゆかいな妖怪たちがお出迎え

# 境港

さかいみなと

ぬりかべのコンニャクなどが入った妖怪楽園おでん缶

**こんなところ**

いたるところで妖怪たちに会えるエリア。妖怪ブロンズ像が立ち並ぶ水木しげるロードでは、鬼太郎と仲間の妖怪たちにちなむみやげや食べ歩きグルメに加え、イベントも多彩。紅ズワイとズワイ（松葉）を合わせたカニと、生の本マグロの水揚げ量は共に日本一とされ、海鮮グルメの店も多い。

**a c c e s s**

| ●空港から | ●松江から |
|---|---|
| **米子空港** | **松江駅** |
| ↓徒歩8分 | ↓JR山陰本線特急25分 |
| **米子空港駅** | **米子駅** |
| ↓JR境線15分 | ↓JR境線45分 |
| **境港駅** | **境港駅** |

※JR松江駅から境港駅まで40分の松江境港シャトルバスも1日8〜9便運行。
※境港市内は、米子空港（米子鬼太郎空港）も経由する循環バス「はまるーぷバス」が運行。乗車1回100円。

**問合せ** ☎0859-47-0121
境港市観光案内所
**広域MAP**折込裏G2

# ～境港 はやわかりMAP～

境港市観光案内所で情報収集しよう
レンタサイクルや手荷物預りなどもある。
☎0859-47-0121

境港へは「鬼太郎列車」で
JR境線にはキャラクターがラッピングされた6種類の列車が。
©水木プロ

島根県 松江市

境港駅 ファミリー・ロッジ
旅籠屋・境港店

**5** お食事処峰 (☞P105)

馬場崎町駅

上道駅

美保湾

鳥取県
境港市

大漁市場なかうら (☞P105) **6**

余子駅

境港みなとセンター・
境港さかなセンター・
境港みなとターミナル
夢みなとタワー

N 500m

高松町駅
米子空港駅へ

**3** ゲゲゲの妖怪楽園 (☞P103)

水木しげる記念館
※2024年4月リニューアルオープン予定

水木しげるロード P.102

**4** 妖怪食品研究所 (☞P107)

ボートインさかいみなと

水木ロード局

境港市観光案内所
御宿 野乃
みなとさかい交流館

境港駅

JR境線

千代むすび酒造工場

**2** 大正橋 (☞P103)

**1** 妖怪神社 (☞P102)

境港市

米子空港駅・米子駅へ

本慶寺

県道47号へ

0 100m

## 観光のヒント
### 妖怪ガイドブックでロードめぐりを楽しく
妖怪ブロンズ像の解説が掲載されスタンプラリーの台紙にもなっている妖怪ガイドブック1冊500円は、観光案内所やロードのショップで購入しよう。(☞P103)

境港

---

ぐるっとまわって
## 4時間

JR境港駅から続く水木しげるロードは、約800mほどの通り。海鮮グルメの店は水木しげるロード周辺のほか市内各所に点在。「はまるーぷバス」かタクシーを利用しよう。

| スタート | | 1 見学 | | 2 見学 | | 3 買い物 | | 4 買い物 | | 5 食べる | | 6 買い物 | | ゴール |
|---|---|---|---|---|---|---|---|---|---|---|---|---|---|---|
| JR境港駅 | ▶ | 妖怪神社 | ▶ | 大正橋 | ▶ | ゲゲゲの妖怪楽園 | ▶ | 妖怪食品研究所 | ▶ | お食事処峰 | ▶ | 大漁市場なかうら | ▶ | JR境港駅 |
| | | 徒歩5分 | | 徒歩2分 | | 徒歩4分 | | 徒歩1分 | | 徒歩15分 | | バスで32分 | | バスで39分 |

# 水木しげるロードで
# かわいい妖怪たちとふれあいましょう

散策所要 2.5時間

約800mの通り沿いに177体の妖怪ブロンズ像が立ち並ぶ水木しげるロード。
ユニークな妖怪スポットやグッズショップが集まる日本随一の妖怪タウンを歩いてみましょう。

## みずきしげるろーど
# 水木しげるロード
## ってこんなところ

**通り沿いにたくさんの妖怪が集結!**
漫画家の水木しげるの出身地で、水木漫画の原点ともなった境港。JR境港駅から続く水木しげるロードには多くの妖怪ブロンズ像が立ち、妖怪をテーマとしたスポットや妖怪グッズを扱うショップも並び、2024年4月には水木しげる記念館がリニューアルオープン予定。日没後には影絵の妖怪が登場するなどユニークな演出も多い。

問合せ
☎0859-47-0121(境港市観光案内所)
アクセス
JR境港駅からすぐ
P駅前駐車場105台、大正町駐車場58台、日ノ出駐車場81台(いずれも1時間まで30分100円、1時間以上は1時間ごと100円)
MAP折込裏G2、折込表水木しげるロード

鳥居に向かって右手前には「目玉おやじ清め水」もある

徒歩すぐ

### 1 ようかいじんじゃ
## 妖怪神社

**妖怪が祭神の世にも不思議な神社**
一反もめんをあしらった鳥居が印象的な神社。御神体は黒御影石とケヤキの樹木。向かって右手に設けられたからくり妖怪おみくじ200円にも注目を。

妖怪がおみくじを運んでくれるからくり妖怪おみくじ

☎0859-47-0520(アイズ)
住境港市大正町62-1
Y休境内自由(からくり妖怪おみくじは9〜18時、季節により変動あり)交JR境港駅から徒歩5分Pなし
MAP P103中央

徒歩4分

### 2 ぎゃらりーあんどてづくりこうげいかんむじゃら
## ギャラリー&手作り工芸館むじゃら

**妖怪のかわいいグッズを販売**
バラエティ豊かな妖怪グッズが並ぶ店。人気なのは妖怪神社ポケットお守り。鬼太郎、目玉おやじ、ねずみ男の3種類あり各650円。

☎0859-47-0520(アイズ)住境港市大正町62-19〜18時休無休交JR境港駅から徒歩5分Pなし
MAP P103中央

ゲゲゲの鬼太郎
箸置き各660円

妖怪神社に向かって左手にある

## ③ 大正橋
たいしょうばし

### 妖怪たちが勢揃い

水木しげるロードのほぼ中央部、大正川に架かる橋。鬼太郎と目玉おやじをはじめ、さまざまな妖怪ブロンズ像が立ち並んでいる。

Ⓨ㉄休入場自由 ⊗JR境港駅から徒歩7分 Ｐなし
MAP P103中央

▲小豆洗い
▼水木しげる夫妻

▲ねずみ男(寝そべり)
▼鬼太郎と目玉おやじ

徒歩4分

### スタンプラリーで妖怪博士に！

妖怪ガイドブック1冊500円でスタンプラリーに参加しましょう。境港市観光案内所（ Ｐ101 MAP P100左下）などで販売。ゴールすると「のん氣シール」がもらえます。

## ④ ゲゲゲの妖怪楽園
げげげのようかいらくえん

### 巨大な「がしゃどくろ」が目印

妖怪オブジェに妖怪茶屋、妖怪縁日小屋などが並ぶ妖怪ワールド。売店にはオリジナルの妖怪グッズが満載。

☎0859-44-2889 ⊗境港市栄町138
Ⓨ入園無料 ㉄9時30分～17時30分(季節により変動あり) 休不定休 ⊗JR境港駅から徒歩11分 Ｐなし MAP P103右上

右手は射的などが楽しめる妖怪縁日小屋、左奥の建物内に売店がある

左)がしゃどくろ前は記念写真スポット
下)一反もめんは実際に乗って写真を撮ることができる

妖怪茶屋では妖怪ラテホット450円、アイス550円などが楽しめる

### 境港・水木しげるロードMAP

鳥取県立みなとさかい交流館

境港市観光案内所
レンタサイクル

水木しげる先生執筆中
・鬼太郎
・ねずみ男

駅前駐車場

・目玉おやじ
・鬼太郎ボス

水木ロード千代むすび酒造
岡空本店 P.106

境港駅(鬼太郎駅)

御宿 野乃

死神

世界妖怪会議

米子駅(ねずみ男駅)へ

河童の泉

目玉おやじ
鬼太郎

妖怪神社①

大正橋

ねずみ男

砂かけ婆

ギャラリー&手作り工芸館 むじゃら
P.106 鬼太郎はうす②

妖怪ショップ ゲ・ゲ・ゲ P.107

ゲゲゲすじ

しげるさん通り

ねずみ男
寝そべり

水木ロードカランコロン通り

鬼太郎と目玉おやじ

小豆洗い

一反もめん

サラリーマンすじ
水木しげる夫妻
体験型 手づくり妖怪工房 P.106

べとべとさん

板倉博商店 P.106

こなき爺

もくもくれん通り

ねこ娘

おやじ通り

のんのんばあとオレ

ゲゲゲの妖怪楽園④

水木しげるロード

水木しげる記念館(2024年4月リニューアルオープン予定)

なんじゃもんじゃ通り

べとべとさん通り

水木しげるロード東

ぬりかべ

妖怪食品研究所 P.107

旬の漁師料理 和泉 P.104

鬼太郎の里 わたなべ P.107

日ノ出駐車場

★主な妖怪ブロンズ

# 港直送のとれたて魚介を海鮮丼や寿司でいただきます

日本屈指の水揚げ高を誇る港町・境港には、新鮮魚介が味わえる店が点在。
名物の松葉ガニや紅ズワイガニ、イカ、アジ、サバなどの海鮮丼や寿司をいただきましょう。

## ぎょさんてい
### 魚山亭

**多彩な旬のネタが丼にぎっしり!**

通年味わえる特上魚山丼がおすすめ。カニ汁とセットになった特上スペシャル魚山丼2530円は、さらにボリュームたっぷりの人気メニュー。海鮮グルメ店がひしめく境港のなかでも、特に冬の松葉ガニフルコース時価(11〜3月限定・要予約)に定評がある。焼きガニ、ボイル姿ガニ、甲羅焼きなどバリエーションも豊か。

☎0859-42-2337 🏠境港市中野町3297 🕐11時15分〜14時LO、18〜20時LO(変動あり) 🈲月曜(要問合せ) 🚃JR境港駅から車で7分 🅿70台 🗺折込裏G2

**✳ 特上魚山丼 1430円**

▶温かい酢めしの上に錦糸玉子と刻み海苔をのせ、11〜12種類の旬のネタを盛り付けた逸品

漁師小屋のような趣の店構え

魚のうま味をいろいろなメニューで味わってみて

主人の大川さん

**コレもオススメ**
・刺身盛合せ 2200円
・あらだき定食 1100円
・松葉ガニ御膳 時価
 (11〜3月限定)

**もう一皿**

**あらだき 550円**
ブリや鯛のアラをじっくり煮た料理。魚はその日によって変わる

---

◀旬の海鮮ネタを5〜6品のせたうえ、ウニとイクラも加えたぜいたくな丼

**もう一皿**

**✳ 大漁丼 3570円**

**コレもオススメ**
・味覚丼 3300円
・うに丼 3200円
・いくら丼 3200円

**海鮮丼 2250円**
大ぶりの海の幸を盛り込んだ人気の丼。ネタは日替わり

カウンター席のほか小上がりもある

## しゅんのりょうしりょうり いずみ
### 旬の漁師料理 和泉

**魚を知り尽くした店主が吟味**

もと漁師の店主が営むことから、魚介の目利きは折紙付きと、地元でも定評がある漁師料理専門店。おすすめは、鮮度抜群の日替わりのネタによる魚介の丼の類。ウニ、イクラ、カニが豪快に盛り込まれた味覚丼をはじめ、いずれもボリューム満点だ。

☎0859-42-3102 🏠境港市本町19 🕐11〜14時、17時30分〜22時 🈲木曜、第4水曜 🚃JR境港駅から徒歩8分 🅿2台 🗺P103右中

## 鬼太郎石像が目印！種類豊富な海産物店

店先に高さ7.7mのがいな鬼太郎石像が立つ「大漁市場なかうら」。境港で水揚げされた新鮮な海産物をおみやげに探すならここで。一夜干しやお菓子、鬼太郎グッズなど品揃えも豊富！

☎0859-45-1600　**MAP**折込裏G2

境港　とれたて魚介を海鮮丼や寿司で

---

◀ 紅ズワイガニの身を熱成させたペースト状のかにトロとカニの身、山芋のとろろがたっぷり

※ かにトロ丼
1300円

**コレもオススメ**
・刺身定食
　2400円
・浜膳
　3800円

**もう一皿**

海鮮丼
1800円
境港で水揚げされた新鮮なネタをのせたオリジナル丼

小上がり席とテーブル席を備えた店内

### おしょくじどころゆみがはま
# 御食事処弓ヶ浜

## ふわっとした口あたりのカニ丼

アジと白イカをふんだんにのせたみなと丼1500円など、メニューが豊富。茹でガニの半身が付く浜膳は、ボリューム満点でおトク。

☎0859-45-4411　**住**境港市竹内団地209大漁市場なかうら内　**時**11〜15時　**休**木曜　**交**JR境港駅からはまるーぷバスメインコース右回りまたは左回りで40分、大漁市場なかうら前下車すぐ　**P**200台　**MAP**折込裏G2

---

◀ ズワイガニ、白イカ、スズキ、マルゴなど旬のネタがのり、ご飯は鳥取県産コシヒカリを使用

※ 海鮮丼
2200円

**コレもオススメ**
・いか丼
　1800円

**もう一皿**

白イカ造り　1650円
透き通るような白イカはコリコリした食感

仕切りがあり落ち着いて食事が楽しめる

### おしょくじどころみね
# お食事処峰

## 境港水揚げの新鮮ネタがぎゅっ！

豊富な膳メニューのなかでは、刺身定食2300円や大漁膳3900円が定番。タイやブリなど旬の魚を使ったあら焚き1320円も好評。

☎0859-42-2601　**住**境港市花町1-4　**時**11時〜14時30分LO、17時〜20時30分LO　**休**火曜（祝日の場合は営業し前後の平日代休）　**交**JR境港駅からはまるーぷバスメインコース右回りで7分、台場公園・海とくらしの史料館入口下車すぐ　**P**10台　**MAP**折込裏G2

---

### いろはずし
# いろは寿し

## 地物の旬の魚を寿司で味わう

素材は、夏ならマグロ、冬ならヒラメやフグなど、季節に応じて境港に水揚げされる旬の魚介。寿司のほか、季節の一品料理も味わうことができる。冬期になればフグ料理も登場。

☎0859-42-3045　**住**境港市相生町17　**時**11〜19時（売り切れ次第終了）　**休**木曜　**交**JR境港駅から徒歩15分　**P**5台　**MAP**折込裏G2

◀ 白身と青物主体の握りが7カン。ネタは季節はもちろん、その日の仕入れによっても変わる

※ にぎり
1200円

**もう一皿**

バッテラ
1本（6切）900円
酸味がやや少なめのためサバの風味が生きている

**コレもオススメ**
・上にぎり
　2500円
・巻寿司
　1本600円
・つくり
　時価

水木しげる記念館から東に進み左折した先の住宅街にある

📖 境港はカニに加え、本マグロ、白イカ、モサエビなど、一年中魚介が水揚げされています。だから旬の海鮮丼がとてもおトク！

# おいしい！かわいい！ゲゲゲの妖怪みやげたち

水木しげるロードに点在するショップには、妖怪キャラクターを模した商品がいっぱいです。
妖怪のブロンズ像が立ち並ぶストリートを歩きながら妖怪みやげを探しましょう。

・ 水木しげるのコメント付き ・

### ぷりんとせんべい 🈔
**2枚入り324円**

人気キャラクターがカラーでプリントされているほか、水木しげるのコメントとサインも書かれている。

・ 妖怪のボトルを持ち帰り ・

### 妖怪ミニボトル 🈔
**各150ml1320円**

鬼太郎や目玉おやじがプリントされたミニボトルの中には焼酎またはリキュールが入っている。

・ アツアツがうれしい ・

### 絵画まんじゅう 🈔
**10個400円**

2頭身の妖怪たちをかたどった人形焼風の菓子。店内で手焼きしているので焼きたてがいただける。

---

**工房で妖怪を制作！**

ジオラマ・時計・オルゴールなど好きなパーツを選んで自由に作ることができる。妖怪板ハガキをデザインして旅先から手紙も送れるのでおすすめ。

5種類の味がある！

・ 金太郎飴風のさわやかみやげ ・

### 鬼太郎飴 🈡
**1ケース378円**

古くから販売する鬼太郎飴は絵柄の美しさに定評がある。イチゴ味の鬼太郎、グレープ味のねこ娘など。

・ 小さなサイズで持ち歩きやすい ・

### 鬼太郎とクジラトートバッグ 🈦
**1個924円**

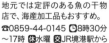

ちょっとしたお出かけにぴったりのサイズ。カラーバリエーションも豊富でどの色にしようか迷ってしまう。

---

たいけんがた てづくり ようかいこうぼう
### 体験型 手づくり妖怪工房

さまざまな木を使って手作り体験ができる。木でできたオリジナル商品もおすすめ。
☎0859-44-5474 🕘9〜18時（季節により変動あり）🈵火曜 🚃JR境港駅から徒歩7分 🅿なし MAP P103中上

みずきろーどちよむすびしゅぞうおかそらほんてん
### 水木ロード千代むすび酒造岡空本店 🈔

「妖怪ミニボトル」はアロマディフューザーとして再利用も可能。ほかにねずみ男も。
☎0859-21-8802 🕘9〜17時 🈵無休 🚃JR境港駅から徒歩3分 🅿10台 MAP P103左下

きたろうはうす
### 鬼太郎はうす 🈔

妖怪を焼き印したゲゲゲの鬼太郎せんべい18枚1080円など、ほかにも人気の品が。
☎0859-42-3345 🕘10〜17時 🈵水曜、ほか不定休 🚃JR境港駅から徒歩5分 🅿なし MAP P103中下

いたくらひろししょうてん
### 板倉博商店 🈡

地元では定評のある魚の干物店で、海産加工品もおすすめ。
☎0859-44-0145 🕘8時30分〜17時 🈵水曜 🚃JR境港駅から徒歩7分 🅿2台 MAP P103中央

※ここで紹介している商品は品切れの場合や価格が変更になることがあるのでご注意ください。

## 楽しい妖怪みやげはこのほかにもまだまだたくさん！

妖怪を描いたトイレットペーパーの妖怪巻紙はインパクト抜群でみやげにぴったり。水木しげるロード沿いの数軒のショップで扱っている。

目玉おやじをパクリ！

・ 目玉おやじそっくりの菓子 ・

### 妖菓 目玉おやじ 六
**500円（食べ歩き用・串付き1本）**

ねりきりでこし餡と刻んだ栗を包み、寒天でコーティング。松江の和菓子店・彩雲堂（☞P40）の手作り品。

・ 妖怪たちをブロックで再現 ・

### ミニナノブロック し
**各880円**

妖怪楽園の限定商品。サイズは約4cmで、ミニサイズのブロックならではの可愛さが人気。

・ 妖怪楽園みやげ人気No.1 ・

### 妖怪楽園おでん缶 し
**1個450円**

缶に描かれた絵柄もユニーク。中に詰まったぬりかべと一反もめんの形をしたコンニャクがポイント！

・ 水木しげるの名言を明記 ・

### 名言カップ 五
**1100円**

水木しげるが残した名言の一つ「なまけ者になりなさい」と目玉おやじの絵が描かれている。

みやげはこの中に入れよう

・ 持ち歩きも楽しそうなバッグ ・

### ぬりかべバッグ 五
**1個2750円**

ぬりかべの形をした手提げバッグ。かわいいバッグでお出かけすれば気分が上がること間違いなし。

・ 定番人気の手作り品 ・

### お風呂に入る目玉おやじ 八
**2700円**

店主が1体1体手作りする人気商品。陶器風の盃は樹脂を使っているため落としても割れない。

---

きたろうのさとわたなべ
### 鬼太郎の里わたなべ 九

フリーカップ1320円や手ぬぐいなどオリジナル妖怪グッズが満載で、見てまわるだけで楽しくなる。
☎0859-42-2189 ◐9時30分〜17時30分 ◖不定休 ◆JR境港駅から徒歩9分 ◗なし ◰◱MAP◱P103右中

ようかいしょくひんけんきゅうじょ
### 妖怪食品研究所 六

みやげ用の妖菓 目玉おやじもある。こちらは串なしで2個箱入り800円など。
☎0859-42-5210 ◐9時30分〜16時（売り切れ次第販売終了）◖無休 ◆JR境港駅から徒歩10分 ◗なし ◰◱MAP◱P103右中

げげげのようかいらくえん
### ゲゲゲの妖怪楽園 し

目玉おやじの姿を模したペットボトルが印象的なミネラルウォーター350ml480円や、ゲゲゲのナノブロック・ねこ娘1408円など、斬新なアイデアの鬼太郎グッズが豊富に揃う。
☞P103

ようかいしょっぷ げ・げ・げ
### 妖怪ショップ ゲ・ゲ・ゲ 八

豊富な種類の妖怪ストラップ小550円〜など、ユニークで楽しい手作り妖怪グッズは必見。
☎0859-42-2259 ◐9〜17時 ◖無休 ◆JR境港駅から徒歩5分 ◗なし ◰◱MAP◱P103中央

---

📖 水木しげるロードのショップには食品以外にもマグカップやTシャツ、マグネットなどの妖怪グッズがいっぱいです。

# 連ドラで話題になった
# ゲゲゲの女房のふるさと・安来

テレビドラマや映画『ゲゲゲの女房』の舞台となり、
武良布枝さんの生家もある安来市大塚町を訪ねてみました。

## ドラマの舞台はこんなところ

安来駅の南方約7kmの場所にある大塚町には物語に登場する舞台が実在している。布枝さんの生家も現存し、ドラマのように、どこか懐かしい情景が広がっている。

🚃JR安来駅からイエローバス安来・吉田線などで20分、大塚下車

### 伯太川
ヒロインが先祖の霊を精霊流しで送り出したとされる川。**MAP** 折込裏G4

### 姫地蔵
少女時代のシーンで登場する小さな地蔵堂。**MAP** 折込裏G4

武良布枝さんの生家・飯塚酒本店（**MAP** 折込裏G4）　©水木プロ

## ｛ 水木しげるを支えた ゲゲゲの女房 ｝

『ゲゲゲの女房』とは、漫画家・水木しげるの妻・武良布枝さんの自伝を原案としたドラマで、ヒロインの飯田布美枝は武良布枝さん、東京に住む貸本漫画家の村井茂は水木しげるがモデルとなっている。ストーリーは、夫となる村井茂と見合いで知り合ってわずか5日で結婚した布美枝が、貧しい暮らしのなかで、ひたむきに漫画を描く夫の姿に徐々に心を打たれながら、共に生きていくことを決意、さまざまな苦難を乗り越え、笑顔でたくましく暮らしていく姿を描いている（☞P124）。ドラマの舞台としても登場し、ヒロイン・布美枝の出身地である安来市大塚町は、150軒ほどの家が軒を連ねる小さな集落。ドラマで再現された布枝さんの生家・飯塚酒本店などゆかりのスポットが点在している。

## 安来市ってどんなところ？

境港の南方、中海に面した港町。古くからたたら製鉄が行われていた奥出雲の鉄の積出港として栄え、民謡・安来節やどじょうすくい踊りでも知られる。市内は安来駅周辺、足立美術館周辺、戦国時代の尼子氏の拠点・広瀬地区などに分かれる。

☎0854-23-7667（安来市観光協会）🚃境港駅からJR境線で47分、米子駅でJR山陰本線松江方面行きに乗り換え9分、安来駅下車。市内はJR安来駅からイエローバスを利用、JR安来駅から観光ループ内回りで月山入口まで46分など　**MAP** 折込裏G4

境港からひと足のばして行ってみましょ

---

**ほかにもあります**

## 安来の必見スポット

### 足立美術館
安来市を代表する観光名所。枯山水庭を中心に、まるで立体絵画のような造りの日本庭園や、横山大観に代表される近代日本画を中心に、陶芸や現代絵画も充実した美術コレクションで知られている。☞P90

### 月山富田城跡
戦国時代に山陰・山陽11カ国を制した尼子氏の居城跡で国指定史跡。山中鹿介の銅像も見られる。☎0854-23-7667（安来市観光協会）🚃バス停山入口から山頂まで徒歩時間　**MAP** 折込裏G4

### 広瀬絣センター
江戸時代からの伝統工芸品である広瀬絣の製品の展示・販売に加え、地元のみやげも揃う。藍染め体験（有料、要予約）や機織りの見学も可。☎0854-32-2575🚃バス停山入口からすぐ　**MAP** 折込裏G4

# 世界遺産の石見銀山で遺跡めぐりと昔町さんぽ

大自然に包まれた石見銀山は世界遺産の人気スポット。
歴史ある銀の製錬所跡や採掘坑道の遺跡を巡った後は、
どこか懐かしい雰囲気が漂う町並み地区をぶらり散歩。
歩き疲れたら趣あるカフェで休憩しましょう。

**これしよう！**
ランチは風情ある
旧商家でどうぞ
石見銀山 群言堂本店では
江戸期建造の旧家で食事
がいただける。(☞P114)

**これしよう！**
世界遺産の街を
おさんぽ
鉱山町の面影が残る町並み
地区をのんびり散策しましょ
う。(☞P114〜117)

**これしよう！**
銀山の遺跡を
見学しよう
銀の採掘所だった龍源寺間
歩や清水谷製錬所跡などの
遺跡は必見。(☞P112)

世界遺産に登録された銀鉱山の遺跡

# 石見銀山

いわみぎんざん

かおり本舗中
村屋の香り袋
(☞P112)

こんなところ

室町時代に発見され、戦国時代に本格的に
開発された銀鉱山遺跡。坑道跡や製錬所跡
などが点在する銀山地区と、鉱山町の面影
を残す町並み地区に分かれる。商家や武家
屋敷もある町並み地区は国の重要伝統的建
造物群保存地区で、古民家を再利用したリ
ノベーションカフェやショップもある。

**access**

●空港から
| 出雲空港 |
↓ 空港連絡バス 30分
| 出雲市駅 |
↓ JR山陰本線 特急25分
| 大田市駅 |

●松江から
| 松江駅 |
↓ JR山陰本線 特急55分
| 大田市駅 |

●石見での交通
| 大田市駅 |
↓ 石見交通バス 世界遺産 センター行き 25分
| 大森代官所跡 |
↓ 1分
| 新 町 |
↓ 1分
| 大 森 |
↓ 5分
| 世界遺産センター |

問合せ☎0854-88-9950
大田市観光協会
(観光案内所 **MAP** P117B2)

# ～石見銀山　はやわかりMAP～

**石見銀山**

## 地図内ラベル

N 5km
出雲市へ
大田市街へ
仁万へ
城上神社
勝源寺
大田市駅
日本海
大田市
9
375
拡大図右下
温泉津駅
温泉津温泉 P.118
石見銀山
石見銀山世界遺産センター P.116
大久保間歩一般公開限定ツアー P.116
美郷町
江津駅
江津市
261

**銀の店**（☞P117）**6**
熊谷家住宅
大森代官所跡
レンタサイクル河村
井戸神社
町並み交流センター（旧大森区裁判所）
代官所地役人旧河島家
新町
**石見銀山群言堂本店**（☞P114）**5**
**町並み地区**
羅漢町橋
石見銀山公園
大森
**4 羅漢寺・五百羅漢**（☞P116）
銀山橋
石見銀山世界遺産センターへ

**町並み地区のメインストリート**
銀の店から羅漢町橋までは、石州瓦の古い建物が密集。

**豊栄神社**（☞P113）**3**
大森小
銀山遊歩道
極楽寺
観光案内所
└石見銀山ガイドの会

**観光案内所で情報を手に入れよう**
パンフレットや地図などを用意。みやげ販売やコインロッカーもある。

0　N　200m
永久製錬所跡へ
休憩舎
安養寺
**2 清水谷製錬所跡**（☞P113）
要害山
山吹城跡
新切間歩（非公開）
**銀山地区**

福神山間歩（非公開）
高橋家
入口
出口
佐毘売山神社
**1 龍源寺間歩**（☞P112）
降路坂へ

**観光のヒント**
## 駐車場は世界遺産センター利用が原則
町並み地区の中心部と銀山地区は車の乗り入れ禁止。車の場合、原則として石見銀山世界遺産センター（☞P116）に駐車し、路線バスで町並み地区へ向かおう。

## おすすめコースは 4時間

町並み地区と銀山地区の龍源寺間歩の往復は約2時間。行きと帰りでルートを変えるのがおすすめ。町並み地区では食事やショッピングなどの時間も考えて2時間くらいはとろう。

スタート
バス停 大森
▶ 徒歩45分
**1** 龍源寺間歩（見る）
▶ 徒歩20分
**2** 清水谷製錬所跡（見る）
▶ 徒歩10分
**3** 豊栄神社（見る）
▶ 徒歩15分
**4** 羅漢寺・五百羅漢（見る）
▶ 徒歩5分
**5** 石見銀山群言堂本店（カフェ）
▶ 徒歩20分
**6** 銀の店（買い物）
▶ 徒歩2分
ゴール
バス停 大森代官所跡

# 豊かな緑に包まれた
# 銀山地区の史跡をおさんぽ

散策所要
約2時間

周囲に緑が多いこともありとっても快適なおさんぽルート。
行きは銀山遊歩道、帰りは舗装された道路を歩くのがおすすめです。

## ＋ ぎんざんちく
## 銀山地区って
### こんなところ

**銀鉱山関連遺跡が緑の中に点在**

銀山橋から、龍源寺間歩周辺までが遺跡が続く銀山地区。緑の中に、坑道（間歩）跡や製錬所跡、寺や神社などが点在。銀山川沿いには「美しい日本の歩きたくなる道」の遊歩道も整備されている。なお、車の場合、駐車場は原則として石見銀山世界遺産センターを利用し、路線バスで町並み地区に移動を。

**問合せ** ☎0854-88-9950（大田市観光協会）
**アクセス** JR大田市駅から石見交通バス世界遺産センター行きで28分、大森下車、銀山橋まで徒歩3分、龍源寺間歩まで徒歩45分（銀山地区は車の進入禁止）
**MAP** 折込裏B2

山里の風情に満ちた場所も多い

さっそく
おさんぽスタート

1 正徳5年（1715）に開発が始まった新切間歩。内部は非公開 2 季節の花々も随所に咲いている

---

## ① りゅうげんじまぶ
## 龍源寺間歩

**江戸時代に開発の坑道跡**

間歩とは坑道のこと。入口から157mほど続く水平坑を、随所に残るノミの跡や排水のための竪坑などを見ながら進んでいく。突き当たりを左折し、約116mの栃畑谷新坑を、電照板の「石見銀山絵巻」の展示をたどって上っていくと出口だ。

☎0854-89-0347 **住**大田市大森町銀山地区 **¥**入坑410円 **時**9〜17時（12〜2月は〜16時）※最終入場は10分前まで **休**1月1日 **交**バス停大森から徒歩45分
**MAP**P117A3

◀入口から間歩の内部へ潜入

▶左右の壁にも天井にもノミの跡が

出口から
徒歩2分

1 香り袋はさまざまな色を用意 2 龍源寺間歩見学後に立ち寄ってみて

## ② かおりほんぽなかむらや
## かおり本舗中村屋

**香り袋の販売のほか銀山の解説も**

銀山香木師の中村司さんが、三瓶山でとれる香木「クロモジ」を使って作る香り袋各種1000円を販売している。独特の名調子で、香り袋の説明はもちろん、銀の精製法や石見銀山に関するさまざまな解説をしてくれるのも楽しい。

☎0854-89-0988 **住**大田市大森町銀山地区 **時**9〜17時 **休**不定休 **交**バス停大森から徒歩44分 **MAP**P117A3

▲中世から鉱山を見守り続ける山神社

銀山地区の自然を満喫

銀山橋から龍源寺間歩の近くまで続く「遊歩道」。銀山川に沿った自然の中に整備されている。
☎0854-88-9950（大田市観光協会）MAP P117B2〜A3

## ③ 佐毘売山神社
さひめやまじんじゃ

**高台から見守る山神さんの社**

15世紀中ごろに創建された神社。鉱山の守り神・金山彦命を祀り、古くから地元では「山神さん」と親しみを込めてよばれている。現在の社殿は文政2年（1819）の再建。
☎0854-88-9950（大田市観光協会）住大田市大森町銀山地区 ¥入休境内自由 交バス停大森から徒歩40分 MAP P117A3

徒歩2分

徒歩17分

▼遊歩道から少し入った場所にある

## ④ 清水谷製錬所跡
しみずだにせいれんじょあと

**9段の石垣から往時の規模を偲ぶ**

明治時代に開発された製錬所跡。山の斜面を利用して造られた製錬所だが、わずか1年半余りで操業を停止した。今も銀を製錬していたとみられる穴が並ぶ。
☎0854-88-9950（大田市観光協会）住大田市大森町銀山地区 ¥入休外観見学自由 交バス停大森から徒歩25分 MAP P117A2

▶春になると周辺に梅の花が咲く

標識に沿って歩きましょう

徒歩10分

## ⑥ 大久保石見守墓所
おおくぼいわみのかみぼしょ

**生前に建てられた「逆修塔」**

慶長5年（1600）の関ヶ原の戦いの後、徳川家康が石見銀山を直轄領とした際の初代奉行が大久保長安。最新技術の導入をはじめさまざまな改革を行い、銀の大幅な増産に成功したことで知られる。
☎0854-88-9950（大田市観光協会）住大田市大森町銀山地区 ¥入休見学自由 交バス停大森から徒歩14分 MAP P117B2

散策の途中でオニヤンマを発見！

## ⑤ 豊栄神社
とよさかじんじゃ

**毛利家ゆかりの神社に参拝**

うっそうとした茂みの中にある毛利家ゆかりの社で祭神は毛利元就。幕末の慶応2年（1866）、大森に入った長州軍は浄財を募って本殿などを整備。境内にはその際の長州軍の献納物が置かれている。
☎0854-88-9950（大田市観光協会）住大田市大森町銀山地区 ¥入休境内自由 交バス停大森から徒歩15分 MAP P117A2

徒歩1分

■毛利元就の木像が収められていた
■右手前の水鉢には長州軍の中隊の銘が刻まれている

石見銀山 ● 銀山地区の史跡をおさんぽ

遊歩道は山道や木道、階段など変化に富むルート。よく整備されていますが、歩きやすい靴や服装がおすすめです。

# 古民家をリノベーションした素敵カフェでくつろぎ時間

ぜひ立ち寄りたいのが江戸時代のものもある古民家を生かしたカフェ。
ゆったりとした時間が流れ、心地よいひとときを過ごせます。

いわみぎんざん ぐんげんどうほんてん
## 石見銀山 群言堂本店

### 江戸期の商家を再生したカフェ＆ショップ

店内は土間や中庭、廊下、階段など、風情ある造りが生かされている。一角には中庭を望むカフェがあり、四季のうつろいを感じながら地元の旬の食材を使ったランチやスイーツが味わえる。

☎0854-89-0077　住大田市大森町ハ183　⏱11〜17時（ランチは〜15時LO カフェ〜は16時30分LO）　休水曜（祝日の場合は営業）　交バス停大森から徒歩4分
MAP P117B2
※カフェは2024年3月末（予定）まで改装休業

季節のパフェ
旬のフルーツや地元産の食材を使用。季節によって使う食材が変わるため値段も変わる

▲時がたつのを忘れてつい長居してしまう素敵な空間

入口も情趣豊かです

▶江戸時代の趣を感じさせる店舗外観

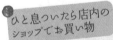
ひと息ついたら店内のショップでお買い物

暮らしが楽しくなるオリジナルの衣料品や生活小物、食品などが並ぶ

▼自然派スキンケア用品のMeDuシリーズも人気がある

▲石見焼窯元とコラボした石見焼の一輪挿し各1980円

◀からだ想いの里茶（カミツレと荏胡麻と葛）918円

焼き印が個性的な
カンテラを
おみやげに

かつては鉱山道具のカンテラを作っていた歴史をもつ「カンテラ屋竹下鍬力店」。現在はカンテラせんべいやポストカードなど、みやげ物を販売している。
☎0854-89-0544 **MAP**P117B2

住留（ジュール）ランチ
1500円
小盛のハヤシライス、季節の野菜のチーズ・オーブン焼き、季節の一品など

黒光りした梁や太い柱と欧風の家具がマッチ

### 町並み地区
かふぇじゅーる
# Cafe住留

## アットホームな古民家カフェ

女性オーナーが自らデザインを手がけて古民家を再生したカフェ。手作りの牛すじトロトロハヤシ1000円など。ほかに、地産の梅で作る梅スカッシュ650円もさわやかな風味でおすすめ。
☎0854-89-0866 **住**大田市大森町ハ206
**時**11時〜夕暮れどき **休**不定休 **交**バス停大森から徒歩5分 **MAP**P117B2

### 町並み地区
ずいえんといわみぎんざんほんてん
# ZUIENT石見銀山本店

## くつろぎのコーヒーブレーク

店名の「ずいえんと（随縁杜）」は造語。縁に従う者たちが集う場を意味し、ご縁の国しまねから世界へ「縁」の輪を広げていくことを目指す。コーヒーに加えスイーツもある。
☎0854-89-0879 **住**大田市大森町ハ46
**時**10〜18時 **休**不定休（要問合せ）**交**バス停大森代官所跡から徒歩すぐ **MAP**P117B1

ホットコーヒー
400円
イタリアのピエモンテ州の老舗焙煎メーカー SATURNOのコーヒー。アイスコーヒーも400円

※写真はイメージ

▲バス停大森代官所跡からすぐにある石見独特の赤瓦の建物

ブレッツェル
172円
アイス（トリプルサイズ）
690円〜
本場の味が楽しめるブレッツェルや、低温殺菌牛乳を使用するアイスに注目

ジェラートカフェ（右）とパンが並ぶ店内（左）

### 銀山地区
べっからい こんでぃとらい ひだか/あいすかふぇひだか
# ベッカライ コンディトライ ヒダカ
/アイスカフェヒダカ

## 絶品パンとジェラートが評判

ドイツでパンと製菓のマイスター資格を取得した日高夫妻が営むドイツパンと菓子の店。隣接するアイスカフェでは常時16種類のジェラートを販売。
☎0854-89-0500 **住**大田市大森町ハ90-1
**時**10〜16時（カフェは11時〜）**休**月〜水曜（カフェは月・火曜）、ほか不定休 **交**バス停大森代官所跡から徒歩4分 **MAP**P117B1

古民家カフェでは喫茶や食事に加えて建物の造りや調度品などもじっくり見たいもの。店のスタッフに話を聞いてみるのもおすすめです。

**ココにも行きたい**

# 石見銀山のおすすめスポット

---

**町並み地区**

### 📷 いも代官ミュージアム
いもだいかんみゅーじあむ

**遺跡の中にある資料館**

館内では、いも代官をはじめとする歴代の代官ゆかりの資料を中心に代官所の仕事や大森の町並みの歴史を紹介。500年の歴史を凝縮した街並み鳥瞰図や石見銀山年代記もみどころ。**DATA**☎0854-89-0846 住大田市大森町ハ51-1 ¥入館600円 ⏰9時30分～17時 休火・水曜 交バス停大森代官所跡から徒歩1分 MAP P117B1

**町並み地区**

### 📷 国重要文化財 熊谷家住宅
くにじゅうようぶんかざい くまがいけじゅうたく

**国指定重要文化財の豪商屋敷**

豪壮な商家の屋敷で享和元年(1801)の建築。30の部屋に、女性スタッフが修復した家財道具や衣装などを展示。熊谷家の暮らしを再現している。**DATA**☎0854-89-9003 住大田市大森町ハ63 ¥入館600円 ⏰9時30分～17時 休火曜、臨時休館あり 交バス停大森代官所跡から徒歩3分 MAP P117B1

---

**町並み地区**

### 📷 城上神社
きがみじんじゃ

**極彩色の鳴き龍の天井画が見事**

天正5年(1577)に毛利氏が遷座・造営した神社で祭神は大物主命。瓦葺き重層式入母屋造の拝殿は文化9年(1812)の再建で、手を叩くと共鳴する「鳴き龍の天井画」が有名。**DATA**☎0854-88-9950(大田市観光協会) 住大田市大森町イ1477 ¥休境内自由 交バス停大森代官所跡から徒歩3分 MAP P117B1

**町並み地区**

### 📷 代官所地役人 旧河島家
だいかんしょじやくにん きゅうかわしまけ

**武家屋敷の内部を公開**

慶長15年(1610)、銀山奉行・大久保石見守長安に召し抱えられて以来、代々銀山附役人を務めた河島家の屋敷。門を入ると正面に式台玄関があり、武士の屋敷の構えをよく残しているとされる。**DATA**☎0854-89-0932 住大田市大森町ハ118-1 ¥入館300円 ⏰9時30分～16時30分 休火曜 交バス停新町から徒歩2分 MAP P117B2

---

**町並み地区**

### 📷 羅漢寺・五百羅漢
らかんじ・ごひゃくらかん

**石窟の中に羅漢像が並ぶ**

龍の天井絵がある羅漢寺本堂参拝後、石橋を渡って石窟へ。この中には、銀山で働いて亡くなった人や祖先の供養のため、25年ほどかけて造られたという五百羅漢像が501体、ひしめいている。全体が完成したのは明和3年(1766)ごろという。**DATA**☎0854-89-0005 住大田市大森町イ804 ¥拝観500円 ⏰9～17時 休無休 交バス停大森から徒歩1分 MAP P117B2

羅漢像の高さはほとんどが40cmほど

五百羅漢像の石窟は本堂の向かい側に

---

### 📷 石見銀山がよくわかる ガイドツアー

ガイドさんの案内で回るツアー。銀山の魅力がさらによく分かる。

#### 石見銀山観光ワンコインガイド
いわみぎんざんかんこうわんこいんがいど

**楽しくて分かりやすい定時ガイド**

龍源寺間歩コース、町並みコースのいずれも1時間30分の定時ガイド。**DATA**☎0854-89-0120(石見銀山ガイドの会) ¥ガイド料500円(施設入場は別途) ⏰10時30分～と13時～の1日2回(町並みコースは1回、詳細と定時以外は要問合せ) MAP P117B2

#### 大久保間歩一般公開限定ツアー
おおくぼまぶいっぱんこうかいげんていつあー

**石見銀山最大級の坑道と「福石場」を見学**

集合場所は石見銀山世界遺産センターで、所要約2時間。要予約。詳細はHPを参照。**DATA**☎0854-89-9091(大久保間歩予約センター) ¥1名4500円 ⏰3～11月の金・土・日曜、祝日に1日4回開催 ※小学生未満は不可 MAP P111左上図

**世界遺産センター地区**

### 📷 石見銀山 世界遺産センター
いわみぎんざんせかいいさんせんたー

**知ろう! 探ろう! 石見銀山**

事前学習と観光拠点に利用を。**DATA**☎0854-89-0183 住大田市大森町イ1597-3 ¥入館無料(展示室310円※値段変更の予定あり) ⏰8時30分～17時30分、展示室9～17時(いずれも3～11月は30分延長) 交JR大田市駅から石見交通バス世界遺産センター行きで30分、終点下車徒歩すぐ P400台 MAP P111左上図

## 中田商店
なかだしょうてん

町並み地区

**銀山みやげにごまどうふを**

鮮魚店だが、おすすめなのは、特製のごまどうふ540円。丹念にゴマをすり、葛を練り上げて作るもので、あっさりとした口当たりとさわやかなゴマの香り、舌の上でとろけるような食感がたまらない。DATA☎0854-89-0618 住大田市大森町1590 時7〜18時（季節により変動あり）休不定休 交バス停大森から徒歩5分 MAPP117B2

## 銀の店
ぎんのみせ

町並み地区

**オリジナルの銀製品が揃う**

2024年3月で創業30周年を迎えるショップ。オリジナルデザイン、ハンドメイド、作家の作品など幅広い銀製品を取り扱う。幸せのスプーン・小1980円〜をはじめとしたペンダントトップや指輪、さらにイニシャルストラップ、花のアクセサリー、あるいは銀山がテーマのものなど、バラエティ豊かな品が揃えられている。DATA☎0854-89-0673 住大田市大森町ハ57-1 時10〜17時 休無休 交バス停大森代官所跡から徒歩2分 MAPP117B1

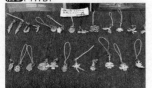

オリジナルの花のストラップは各2200円

町並み地区の北側入口からすぐの場所にある

# ノスタルジックな時間が流れる温泉津温泉を訪ねましょう

所要時間
**半日**

レトロムード漂う温泉街で、石見銀山同様に世界遺産に登録されているエリア。
温泉津焼の登り窯見学や、日本有数の薬湯めぐりなどお楽しみがいっぱいです。

## 温泉津温泉って こんなところ
（ゆのつおんせん）

### 世界遺産にも登録された温泉街

日本海に臨む温泉と焼物の町。約1300年前に発見された温泉は日本有数の薬湯として知られる。江戸時代に石見銀山の銀の積出港及び北前船の寄港地として栄えた地でもあり、往時の面影を残す街並みは国の伝統的建造物群保存地区に選定。毎週土曜の20〜21時に龍御前神社境内で行われる「石見神楽」の公演（観覧1000円）にも注目を。

**問合せ** ☎0855-65-2065
（大田市観光協会温泉津観光案内所）
**アクセス** JR大田市駅から山陰本線浜田方面行きで30分、温泉津駅下車後、大田市生活バス温泉津線松山行き（フリー乗降）で中町まで6分、温泉前まで8分、元湯前まで8分、やきもの館前まで12分
**MAP** 折込裏A2

**1** 温泉街には明治・大正期の建物も多い **2** 風情豊かな提灯も町のあちこちで見られる

徒歩すぐ

徒歩15分

## 1 やきものの里
（やきもののさと）

### 登り窯とやきもの館を見学

敷地内にある全長約30mの登り窯を見学できる。展示・体験施設のやきもの館では、温泉津焼の歴史資料を展示し、ビデオ解説もある。所要40〜60分の絵付体験1200円〜も可。

☎0855-65-4139（やきもの館） **住**大田市温泉津町温泉津イ22-2 **料**入館無料 **時**9〜17時（体験は〜16時）**休**水曜、12月29日〜1月3日 **交**バス停やきもの館前からすぐ **P**15台 **MAP** P119B1

登り窯は江戸時代中期に築かれたもの

## 2 温泉津温泉 薬師湯（湯元）
（ゆのつおんせん やくしゆ（ゆもと））

### 山陰で唯一、最高評価の天然温泉

日本温泉協会の審査で山陰唯一「オール5」の立ち寄り湯。温泉ソムリエの家元が「ダブル美肌の湯」と評価。施設横にある自噴の源泉をそのまま湯船に注いでいる。

☎0855-65-4894 **住**大田市温泉津町温泉津7 **料**入浴600円、貸切湯1000円と1600円 **時**8〜21時（平日9時〜）**休**無休 **交**バス停温泉前からすぐ **P**30台 **MAP** P119A1

**1** 湯船の周りに付いている溶岩のような湯の花を見れば、湯質のよさが分かる **2** レトロな外観が魅力。源泉脇にあるので心地よい炭酸成分を楽しめる

源泉かけ流し 部屋食 エステあり 禁煙ルームあり ゆ 大浴場あり ひとり宿泊OK

1 おすすめの銀山の歴史にまつわる奉行飯1800円 2 3 撮影スポットとしても人気な、風情あふれる建物

## お泊まりならコチラがおすすめです

### のがわやりょかん
## のがわや旅館

#### 鯛の奉書焼が名物の宿

真鯛を奉書で包んで蒸し焼きにする「鯛の奉書焼」のプランは1泊2食付1万5550円～。風呂は岩風呂や石風呂のほか、家族湯も設けている。

☎0855-65-2811 住大田市温泉津町温泉津口30 交バス停中町から徒歩1分 P14台 ¥1泊2食付平日1万1150円～、休前日1万3350円～ ⏰IN15時、OUT10時 ●全10室（和室10）●内湯2、貸切風呂1 MAP P119A1

▶おいしさを封じ込める鯛の奉書焼

### くつろぎのやど きうんそう
## 寛ぎの宿 輝雲荘

#### 温泉街で唯一、露天風呂を完備

本館、離れ、東館からなる。3つある風呂のうち、3階の「夢の湯」の露天風呂からは温泉街の屋根の連なりが見える。

☎0855-65-2008 住大田市温泉津町温泉津口202-1 交JR温泉津駅から無料送迎あり P12台 ¥1泊2食付平日1万4000円～、休前日1万8000円～※素泊は5000円～ ⏰IN15時、OUT10時 ●全18室（和室14、素泊まり用ゲストハウス4）●内湯2、貸切風呂1 MAP P119A1

▶露天風呂の眼下に石州瓦の町並みが広がる

---

### 3 しんゆかふぇ くらのじょう
## 震湯カフェ 内蔵丞

#### 温泉津に現存する最古の温泉施設

大正8年（1919）の木造洋館（薬師湯旧館）で、元々温泉施設だった。見事な細工が施され、建築学的にも貴重な建物と言われている。重厚な雰囲気や家具調度品と共に、銀山の歴史にまつわる食事やヘルシーなメニューを堪能できる。華麗なるシフォンケーキ1300円や温泉カプチーノ900円も用意。☎0855-65-4126 住大田市温泉津町温泉津7 ⏰11～17時 休木曜 交バス停温泉前からすぐ P35台 MAP P119A1

▼天文元年（1532）に創建された歴史ある古社

徒歩5分

### 4 たつのごぜんじんじゃ
## 龍御前神社

#### 巨岩に神が降臨する神社

龍の頭のような巨岩がそびえ、海・温泉・町の守り神として信仰を集める神社。社殿背後の巨岩が龍に見えることが名前の由来。

☎0855-65-2065（大田市観光協会 温泉津観光案内所）住大田市温泉津町温泉津口イ736 時境内自由 交JR温泉津駅から徒歩12分 Pなし MAP P119A1

▲毎週土曜20時から石見神楽の公演が行われている

---

### 温泉津温泉 MAP

総合運動場
総合体育館
銀山街道へ
寛ぎの宿 輝雲荘 2
やきもの館前
なかのや旅館
温泉津温泉 薬師湯（湯元）
やきものの里 1
浅原才市像
中町
飲泉
内藤家庄屋屋敷
温泉前
3 震湯カフェ 内蔵丞
温泉津
ゆう・ゆう館
4 龍御前神社
湯里・仁万駅へ
極楽寺
温泉津港
厳島神社口
のがわや旅館 5
UMITO
浅原才市生家
大田市
安楽寺
温泉津駅前
JR山陰本線
大田市
石見福光・江津駅へ
温泉津
N
200m
A
9
B

石見銀山からひと足のばして ●ノスタルジックな時間が流れる温泉津温泉

# さぁ、旅のはじまり！出雲・松江へ

東京方面からは飛行機を利用するのが一番早くて便利です。
高速バスや寝台特急もあるので旅のスタイルに合わせて選んでください。

## 主要空港から出雲空港・米子空港へ

松江・出雲の旅の起点は出雲空港と米子空港。出雲空港へは東京から1日5便、大阪から4便、名古屋から2便、福岡からは2便がある。

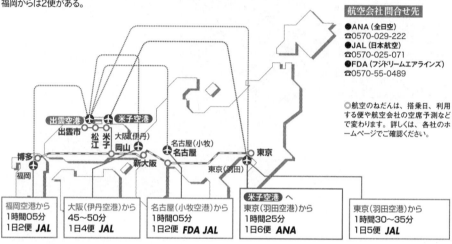

**航空会社問合せ先**

- ●ANA（全日空）
  ☎0570-029-222
- ●JAL（日本航空）
  ☎0570-025-071
- ●FDA（フジドリームエアラインズ）
  ☎0570-55-0489

◎航空のねだんは、搭乗日、利用する便や航空会社の空席予測などで変わります。詳しくは、各社のホームページでご確認ください。

| 福岡空港から | 大阪（伊丹空港）から | 名古屋（小牧空港）から | 米子空港 へ 東京（羽田空港）から | 東京（羽田空港）から |
|---|---|---|---|---|
| 1時間05分 | 45〜50分 | 1時間05分 | 1時間25分 | 1時間30〜35分 |
| 1日2便 *JAL* | 1日4便 *JAL* | 1日2便 *FDA JAL* | 1日6便 *ANA* | 1日5便 *JAL* |

## 各空港から観光の拠点への移動はバスや鉄道で

飛行機の発着に合わせて運行する空港連絡バスのほか、路線バスやJRでアクセスしましょう。

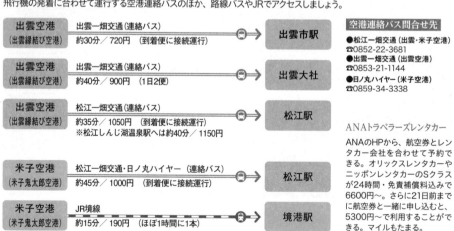

| 出雲空港（出雲縁結び空港） | 出雲一畑交通（連絡バス）約30分／720円（到着便に接続運行） | → | 出雲市駅 |
|---|---|---|---|
| 出雲空港（出雲縁結び空港） | 出雲一畑交通（連絡バス）約40分／900円（1日2便） | → | 出雲大社 |
| 出雲空港（出雲縁結び空港） | 松江一畑交通（連絡バス）約35分／1050円（到着便に接続運行）※松江しんじ湖温泉駅へは約40分／1150円 | → | 松江駅 |
| 米子空港（米子鬼太郎空港） | 松江一畑交通・日ノ丸ハイヤー（連絡バス）約45分／1000円（到着便に接続運行） | → | 松江駅 |
| 米子空港（米子鬼太郎空港） | JR境線 約15分／190円（ほぼ1時間に1本） | → | 境港駅 |

**空港連絡バス問合せ先**

- ●松江一畑交通（出雲・米子空港）
  ☎0852-22-3681
- ●出雲一畑交通（出雲空港）
  ☎0853-21-1144
- ●日ノ丸ハイヤー（米子空港）
  ☎0859-34-3338

**ANAトラベラーズレンタカー**

ANAのHPから、航空券とレンタカー会社を合わせて予約できる。オリックスレンタカーやニッポンレンタカーのSクラスが24時間・免責補償料込みで6600円〜。さらに21日前までに航空券と一緒に申し込むと、5300円〜で利用することができる。マイルもたまる。

※米子空港ターミナルとJR米子空港駅は約250m離れています。米子空港から境港市街へは「はまるーぷバス」100円も利用できます。

# 安くてお得な高速バスもあります

安い運賃が魅力の高速バス。近県からなら鉄道利用の運賃の半額ほどで済む場合も。
昼行便・夜行便とあるので、旅の計画に合わせて選んでみて。

## ●おもな昼行高速バス （予約制・石見銀山号は予約不要）

| バス愛称名 | 出発地 | 到着地 | 所要時間 | ねだん | 便数(日) | 問合せ |
|---|---|---|---|---|---|---|
| グラン昼特急 出雲号 | 京都駅中央口 | 松江駅 | 6時間05分-15分 | 2600円〜 | 2便※1) | 西日本 JRバス |
| | | 出雲市駅 | 7時間00分-10分 | 2600円〜 | | |
| くにびき号 | 大阪・阪急三番街 | 松江駅 | 4時間37分 | 5100円〜 | 7〜10便 | 阪急観光バス |
| | | 出雲市駅 | 5時間32分 | 5600円〜 | | |
| ポート・レイク | 神姫バス神戸・三宮バスターミナル | 松江駅 | 3時間55分〜 | 4200円〜 | 2便 | 神姫バス 中国JRバス |
| | | 出雲市駅 | 4時間50分〜 | 4600円〜 | | |
| ももたろう エクスプレス | 岡山駅西口 | 松江駅 | 3時間06分 | 3900円 | 5便 | 両備バス 中鉄バス |
| | | 出雲市駅 | 4時間01分 | 4400円 | | |
| グランドアロー号 | 広島駅新幹線口 | 松江駅※2) | 3時間13〜28分 | 3400円〜 | 10〜18便 | 広電バス |
| みこと号 | 広島駅新幹線口 | 出雲市駅 | 3時間22〜27分 | 4200円 | 6〜9便 | 中国JRバス |
| 石見銀山号 （※予約不要） | 広島駅新幹線口 | 大森代官所跡、大田バスセンター | 2時間47分 | 3150円※2) | 2便 | 石見交通 （大田） |

※1)ほかに夜行便も1便あり　※2)一部は松江しんじ湖温泉駅まで運行　※3)大森代官所跡までの所要時間と運賃

## ●おもな夜行高速バス （予約制）

| バス愛称名 | 出発地 | 到着地 | 出発時刻 | 到着時刻 | ねだん | 問合せ |
|---|---|---|---|---|---|---|
| スサノオ | 東京駅 八重洲南口 | 松江駅 | 20:20発 | 7:22着 | 5500円〜 | 中国JRバス |
| | | 出雲大社 | | 8:42着※ | 5500円〜 | |
| 出雲・松江・米子 ドリーム名古屋号 | 名古屋駅 新幹線口 | 松江駅 | 23:10発 | 6:30着 | 8300円〜 | JR東海バス |
| | | 出雲市駅 | | 7:25着 | 8500円〜 | |
| 出雲ドリーム 博多号 | 博多 バスターミナル | 松江駅 | 22:20発 | 6:46着 | 7000円〜 | JR九州バス |
| | | 出雲市駅 | (小倉駅前 23:55発) | 7:46着 | 7000円〜 | |

※出雲市駅には8:17着（東京駅行きは出雲市駅始発）、1万2000円〜

## ワンポイント 新幹線＋特急でレール＆レンタカーきっぷも

JR松江駅、出雲市駅には駅レンタカー営業所があるので、現地でレンタカーを利用したい
場合、新幹線＋特急でアクセスしてレール＆レンタカーきっぷを利用してもよい。

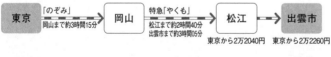

## ワンポイント 旅情をたっぷり味わうなら寝台特急の旅も素敵です

人気の寝台特急「サンライズ出雲」は東京〜松江・出雲市間を毎日運行。
東京を夜出発し、松江・出雲市に朝到着するので、時間も有効に使える。

**高速バス問合せ先**

●西日本JRバス
☎0570-00-2424
●阪急観光バス
☎0570-089006
●中国JRバス
☎0570-666-012
●神姫バス
☎078-231-4892
●両備バス
☎0570-08-5050
●中鉄バス
☎086-223-0616
●広電バス
☎082-207-1073
●石見交通（大田）
☎0854-82-0662
●一畑バス
☎0852-20-5252
●JR東海バス
☎0570-048939
●JR九州バス
☎092-643-8541

**レール＆レンタカー きっぷ（JR各社）**

インターネットで駅レンタ
カーの予約をしたうえで、JR
駅などで乗車券・特急券と一
緒に駅レンタカー券を購入す
るとJR乗車券・特急券が割
引になる（JR線の乗車キロ数
など条件あり、新幹線のぞみ・
みずほ及び、GW・お盆・年末
年始は割引なし）。

**問合せ先**

●駅レンタカー
https://www.ekiren.co.jp/

**寝台列車に乗ってみたい！**

サンライズ出雲の寝台はすべ
て個室で一人用と二人用があ
り、女性でも安心。リーズナ
ブルに利用するには、指定席
特急料金で横になれる「ノビ
ノビ座席」の利用がおすすめ。

交通ガイド ● 出雲・松江へ

# 松江観光に役立つバスのハウツー

国宝松江城や宍道湖周辺など、みどころが広域にわたるので、移動はバスが
基本。赤い車体の周遊バスや路線バスを組み合わせて、上手に観光しましょう。

## 松江ではレトロな周遊バスが大活躍

松江のみどころをひととおりめぐるなら松江駅を起点に周遊する「ぐるっと松江レイクライン」を利用。
国宝松江城や塩見縄手など主要な観光ポイントやぐるっと松江堀川めぐりの乗船場を周遊する。

### ぐるっと松江レイクライン
ＪＲ松江駅北口のバスターミナルを起・終点とする周遊バス。専用1日乗車券も発売している。一周48分（夕陽鑑賞便は63分）で片回りの運行のみなので注意。
**DATA** ☎0852-60-1111（松江市交通局）🚍乗車1回210円、専用1日乗車券520円 🕐松江駅発9時から平日1時間ごと、土・日曜、祝日30分ごとに運行。終発は季節により異なる。

### 楽しい遊覧船も

### ぐるっと松江堀川めぐり
松江城を取り囲む堀川を約50分で周遊する観光遊覧船。乗り場は松江堀川ふれあい広場、大手前広場、カラコロ広場の3カ所。
**DATA** ☞P24

「ぐるっと松江
レイクライン」＆
「ぐるっと松江
堀川めぐり」コース図

**凡例**
← ぐるっと松江
レイクライン
← 夕陽鑑賞便
（夕方から2〜4便）
● 停留所
← ぐるっと松江
堀川めぐり
※数字は所要時間（分）

## 周遊バスを中心に路線バスも上手に使いこなそう

松江の中心部の観光では周遊バスが基本。京店商店街や松江しんじ湖温泉へは松江駅から路線バスも利用できる。

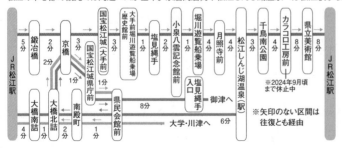

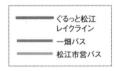

ぐるっと松江
レイクライン
一畑バス
松江市営バス

**問合せ先**
●ぐるっと松江レイクライン＆
松江市営バス（松江市交通局）
☎0852-60-1111
●一畑バス（松江）
☎0852-20-5205

# 松江から出雲・石見銀山・境港へ

松江から出雲大社や世界遺産の石見銀山、水木しげるロードのある境港へ。
それぞれの交通の起点を押さえて、上手にプランニングしましょう。

松江・出雲・石見・境港の交通略図

## 松江から周辺エリアへのアクセスチャート

松江から各地へは鉄道やバスで移動。出雲へは出雲市駅、境港へは境港駅、石見銀山へは大田市駅が起点駅となる。

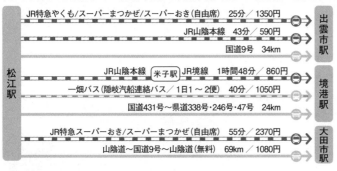

**松江駅**

出雲市駅へ：
- JR特急やくも／スーパーまつかぜ／スーパーおき(自由席) 25分／1350円
- JR山陰本線 43分／590円
- 国道9号 34km

境港駅へ（米子駅経由）：
- JR山陰本線 米子駅 JR境線 1時間48分／860円
- 一畑バス(隠岐汽船連絡バス) 1日1〜2便 40分／1050円
- 国道431号〜県道338号・246号・47号 24km

大田市駅へ：
- JR特急スーパーおき／スーパーまつかぜ(自由席) 55分／2370円
- 山陰道〜国道9号〜山陰道(無料) 69km／1080円

**鉄道問合せ先**

●JR西日本(お客様センター)
☎0570-00-2486

**バス問合せ先**

●一畑バス(松江)
☎0852-20-5205

### ワンポイント 現地で使えるお得なチケットをチェック

鉄道やバスが乗り降り自由になる、現地で使えるお得チケットはこちら。

| チケット名 | 利用条件 | ねだん | 購入できる場所 |
|---|---|---|---|
| 松江乗手形(共通二日乗車券) | レイクラインも含めた松江市営バス全線が2日間乗り降り自由。観光施設や店舗で割引などの特典付き。デジタルチケットのみの発売です。(2024年3月までは市営バス車内でも発売) | 1050円 | スマホでJR西日本の観光ナビ「tabiwa by WESTER」にアクセスして購入 |
| 一畑電車1日フリー乗車券 | 一畑電車の全区間が1日中乗り降り自由。沿線めぐりをするには絶好です。 | 1600円 | 松江しんじ湖温泉駅、出雲大社前駅、電鉄出雲市駅など |

**松江乗手形(共通二日乗車券)問合せ先**

●松江市交通局
☎0853-60-1111

**一畑電車1日フリー乗車券問合せ先**

●一畑電車(松江しんじ湖駅)
☎0852-21-2429

# 出雲・松江の知っておきたいことあれこれ

出雲・松江に関する本や映画、季節のイベントなど、
出かける前に知っておくと役に立つ情報を紹介します。

## 読んでおきたい本

出雲・松江についていろいろな角度から分かる本を8冊セレクト。小泉八雲関連や出雲神話と古代史について探ったもの、あるいは出雲を舞台にした小説や漫画など、バラエティ豊か。現地に持参するのもいいですね。

### 新編 日本の面影

小泉八雲の代表作『知られぬ日本の面影』を新編集したもの。特に、松江を描き、怪談話も多い「神々の国の首都」は必読だ。

角川ソフィア文庫／2000年／ラフカディオ・ハーン著・池田雅之訳／858円

### 怪談・奇談

『耳なし芳一』『雪女』など、誰もが一度は耳にしたことのある怪談・奇談を42編収録。日本を愛した小泉八雲を知るための必読書。

講談社学術文庫／1990年／小泉八雲著・平川祐弘編／1639円

### 出雲大社（楽学ブックス）

縁結びの聖地・出雲大社を臨場感溢れる写真で詳しく紹介。境内案内の他、古代より脈々と受け継がれる祭りや遷宮、大国主大神を深く掘り下げて紹介。

JTBパブリッシング／2018年／中野晴夫（写真）

### 古代日本の実像をひもとく出雲の謎大全

大和中心で語られることが多い古代史に異を唱え、出雲からの視点を提出。荒神谷遺跡や加茂岩倉遺跡などの青銅器の発掘調査結果も加味した意欲作。

青春出版社／2018年／瀧音能之著／1100円

### 砂の器

出雲弁と東北弁が似ていることがキーになった本格推理小説。松江や、奥出雲の出雲三成、亀嵩などが登場する。映画化やTVドラマ化もされている。

新潮文庫／1973年／松本清張著／上825円・下990円

### 蔵人クロード

日系3世で曾祖父が日本で酒蔵を経営していたクロードが小野寺せつらの協力のもと、松江で酒造りに取り組む。

小学館・ビッグコミックス／2006年／尾瀬あきら著／全10巻

### 解説 出雲国風土記

『出雲国風土記』を現代語訳で写真や図などを用いながら解説。難解な言葉には注釈や巻末に用語解説がついているのもうれしい。

今井出版／2014年／島根県古代文化センター編／1852円

### 葬られた王朝-古代出雲の謎を解く-

出雲神話がフィクションだという通説を覆し、古代出雲に強大な王権が存在したことを立証しようとする意欲作。最新の考古学的発見も視野に入れている。

新潮文庫／2012年／梅原猛著／1100円

## 観ておきたいドラマ

出雲を舞台にして描かれた映画と、境港出身の水木しげる氏と妻・布枝さんを描いた映画をご紹介。

### 縁（えにし）
The Bride of Izumo

神話の国・出雲を舞台に紡がれるひとびとを結ぶ＜縁＞の物語。

DVD発売中 発売元：OSMANDエンターテインメント、販売元：株式会社ハピネット／2016年／出演：佐々木希／井坂俊哉／平岡祐太／監督：堀内博志／DVD 4212円／BD 5184円
©OSMANDエンターテインメント
©「縁 ENISHI」製作委員会

あわせて訪ねたい

男女の縁を含め、あらゆる「縁」を結ぶ神様の社

出雲大社（☞P20）

### ゲゲゲの女房

水木しげるの妻・武良布枝著のベストセラーの映画化。貧しく厳しい時代を生きた漫画家・水木しげる夫妻の姿を描いている。

DVD 発売・販売元：キングレコード／2010年／出演：吹石一恵・宮藤官九郎／監督：鈴木卓爾／2052円
©2010 水木プロダクション／「ゲゲゲの女房」製作委員会

あわせて訪ねたい

水木しげる記念館（2024年4月リニューアル）では水木しげる作品を紹介

水木しげる記念館
©水木プロ

## 祭・イベント

春は桜まつり、夏は花火大会…。出雲の夏の恒例行事や城下町・松江の伝統が息づく祭りはぜひ!

### 3月下旬〜4月中旬 松江城 お城まつり

松江城天守を中心に、城山公園で開催。桜が咲き誇るなか、多彩なイベントが行われ、夜はライトアップされる。
☎0852-21-4030(松江城山公園管理事務所)
場所 国宝松江城(城山公園) MAP P96B1

### 2024年は8月3・4日 松江水郷祭湖上花火大会

メインは20時からの湖上花火大会。宍道湖上の台船から両日とも約1万発の花火が上げられる。
☎0852-32-0504(松江水郷祭推進会議)
場所 宍道湖 MAP P96B4

### 8月15日 高瀬川灯籠流し

出雲市駅近くの高瀬川を舞台に行われるお盆の恒例行事。先祖の霊をのせた灯籠が高瀬川に流される。20時〜。
☎0853-21-5318(高瀬川灯籠流し協議会事務局) 場所 出雲市・高瀬川 MAP P52A3

### 9〜10月(予定) 松江水燈路

松江城周辺を幻想的にライトアップする光のイベント。「堀川遊覧船夜間運航」もおすすめ(要問合せ)。
☎0852-27-5843(ライトアップキャラバン実行委員会) 場所 松江城周辺

### 10月第3日曜 松江祭鼕行列

鉄の車輪の屋根付き山車屋台に鼕(どう)とよぶ大太鼓を据え、打ち鳴らしながら街を練り歩く。
☎0852-27-5843(松江観光協会)
場所 松江市街一帯

## パワースポット

隠れたパワースポットとして注目されているのがこの3つ。出雲大社(☞P20)などとあわせて訪ねましょう。

### 田中神社

縁結び・安産の木花咲耶姫命を祀る西社と、縁結びならぬ縁切・延命長寿の磐長姫命を祀る東社が背中合わせに立つ。☎0852-82-0668
(佐太神社→P95) MAP 折込裏E2

### 須我神社

須佐之男命と櫛名田比売が新居として造った宮殿が起源のため「日本初之宮」と称されている。奥宮の「夫婦岩」(写真)は三柱の主祭神を祀る磐座。
☎0854-43-2906 MAP 折込裏E4

### 加賀の潜戸

佐太大神の誕生地と伝わる海中洞窟「新潜戸」(写真)と賽の河原の「旧潜戸」がありマリンプラザしまねから観光遊覧船が発着。☎0852-85-9111(加賀潜戸遊覧船) MAP 折込裏E1

## ゆかりの有名人

テニスの錦織圭は松江市出身、プロ野球の和田毅は出雲市出身と、ゆかりの有名人も多彩です。

### 園山俊二

漫画家。松江市出身。『がんばれゴンベ』など。松江テルサ前には『はじめ人間ギャートルズ』の像がある。
☎0852-27-5843(松江観光協会)
場所 松江テルサ前 MAP P97D3

### 竹内まりや

ミュージシャン。出雲市出身。実家は、出雲大社の神門通り沿いに立っている老舗旅館の竹野屋。
☎0853-53-3131(竹野屋)
場所 出雲市・竹野屋 MAP P52C3

## 花の名所

桜をはじめ、季節ごとに咲く花々も見逃せません。由志園がある大根島の牡丹も全国的に有名です。

### 桜・出雲大社

出雲大社(☞P20)に彩りを添える神苑の桜はソメイヨシノほか約200本。4月初旬に満開になり、参拝者の目をなごませてくれる。

### 桜など・松江城(城山公園)

2〜3月はツバキとウメ、4月上旬〜中旬は桜、5月上旬〜中旬はナンジャモンジャ(☞P56)。

### 桜・玉湯川(玉造温泉)

玉造温泉街の玉湯川の下流には約2kmほど桜並木が続き、4月初めごろ満開になる。夜にはライトアップも予定。(MAP 折込裏E3)

### 牡丹など・由志園

春は牡丹にツツジ、夏は花菖蒲、冬は寒牡丹と四季折々の花が園内各所に咲く。「牡丹の館」では一年中牡丹が見られる(☞P92)。

## 主な出雲弁

「い」が「え」に近い音になったり、音引きを多用するのが特徴。覚えておくといいものをピックアップ。

だんだん …ありがとう
おらっしゃーかいね …いらっしゃいますか
ばんじましてね(夕方の挨拶)…夕方になりました
わ、わー、わーが …自分、私が
おかーませ …お帰りなさい
ちょっこ・ちょんぼし …少し
がいな …大きな
まさげな …おいしそうな
おんぼらと …ゆっくりと
べった …いつも
せる …急ぐ
なして …なぜ

# INDEX さくいん

# ココミル cocomiru

# 出雲大社 松江
## 石見銀山
### 中国四国❶

2024年3月15日初版印刷
2024年4月1日初版発行

編集人：平野陽子
発行人：盛崎宏行
発行所：JTBパブリッシング
　　　　〒135-8165
　　　　東京都江東区豊洲5-6-36　豊洲プライムスクエア11階

編集・制作：情報メディア編集部
編集スタッフ：中村紘
取材・編集：K&Bパブリッシャーズ
メリット (高見真理子／水野雄斗)
編集スタジオ彫(神永 裕／原 恵子／久保隆志)
アトリエオップ(渡辺 俊／秋田典子)／佐川印刷

アートディレクション：APRIL FOOL Inc.
表紙デザイン：APRIL FOOL Inc.
本文デザイン：APRIL FOOL Inc.
K&Bパブリッシャーズ／ユカデザイン／パパスファクトリー
ジェイヴィコミュニケーションズ
イラスト…平澤まりこ／井上ミノル／藤原正浩
撮影・写真：村岡栄治／山本祐之／西村光司／中野晴生
宮地 エ／カメラのカヤノ(萱野雄一)／Stylish
関係各市町村観光課・観光協会／PIXTA
モデル：麻里／川島奈美希
地図：ゼンリン／千秋社／ジェイ・マップ
組版・印刷所：佐川印刷

楽しい旅へ
出かけよう♪

編集内容や、商品の乱丁・落丁の
お問合せはこちら

JTB パブリッシング お問合せ

https://jtbpublishing.co.jp/
contact/service/

本書に掲載した地図は以下を使用しています。
測量法に基づく国土地理院長承認 (使用) R 5JHs 167-140号
測量法に基づく国土地理院長承認 (使用) R 5JHs 168-060号

●本書掲載のデータは2024年1月末日現在のものです。発行後に、料金、営業時間、定休日、メニュー等の営業内容が変更になることや、臨時休業等で利用できない場合があります。また、各種データを含めた掲載内容の正確性には万全を期しておりますが、お出かけの際には電話等で事前に確認・予約されることをお勧めいたします。なお、本書に掲載された内容による損害賠償等は、弊社では保障いたしかねますので、予めご了承くださいますようお願いいたします。●本書掲載の商品は一例です。売り切れや変更の場合もありますので、ご了承ください。●本書掲載の料金は消費税込みの料金ですが、変更されることがありますので、ご利用の際はご注意ください。入園料などで特記のないものは大人料金です。●定休日は、年末年始・お盆休み・ゴールデンウィークを省略しています。●本書掲載の利用時間は、特記以外原則として開店(館)～閉店(館)です。オーダーストップや入店(館)時間は通常閉店(館)時刻の30分～1時間前ですのでご注意ください。●本書掲載の交通表記での所要時間はあくまでも目安ですのでご注意ください。●本書掲載の宿泊料金は、原則としてシングル・ツインは1室あたりの室料です。1泊2食、1泊朝食、素泊に関しては、1室2名で宿泊した場合の1名料金です。料金は消費税、サービス料込みで掲載しています。季節や人数によって変動しますので、お気をつけください。●本誌掲載の温泉の泉質・効能等は、各施設からの回答をもとに原稿を作成しています。

本書の取材・執筆にあたり、
ご協力いただきました関係各位に厚くお礼申し上げます。

おでかけ情報満載　https://rurubu.jp/andmore/

233229　280172
ISBN978-4-533-15740-0　C2026
©JTB Publishing 2024
無断転載禁止　Printed in Japan
2404